小さな会社こそが実行すべき

ドラッカー経営戦略

和田 一男

Drucker

伸びる・続く・勝てる会社のつくり方

Business Strategy

はじめに

皆さんは経営やマネジメントを行う上で、基本となる理論、原理原則はありますか？実際のビジネスの現場では、さまざまな場面で意思決定と複雑な判断が求められます。そのような場面で拠《よ》り所とする能力があると、仕事がスムーズに間違いなく進めることができるのです。

その拠り所とする能力として有力なものに、概念化能力というものがあります。概念化能力とは、上位管理者や経営者に特に求められる能力とされ、具体的には、戦略思考力や論理的思考力、課題解決力、決断力などを指します。ドラッカー理論が長く読まれ続けているのは、この概念化能力を整理し、経営の本質を突いた理論だからです。

ドラッカーの経営論は古くなることがありません。40年以上前の著書を読み返してみても、新鮮な言葉として捉えることができます。ドラッカー学会の代表であり、ドラッカーの著書をいくつも翻訳している上田惇生氏も、「ドラッカーのメッセージは本質を突いているので、体系化し直す必要はない」とおっしゃっていました。

しかしドラッカー理論の本質を理解できたとしても、現実のビジネスに結びつけることは、なかなか難しいように思えます。

そこで、本書はドラッカーの理論や哲学を研究するための本ではなく、実践につなげるためのガイドブックとして書きました。

私は、コンサルタントとして、さまざまな企業の経営や組織、マネジメント、マーケティング、人材育成について、日頃ご支援させていただいています。その立場から、読者の方々に、ドラッカー理論を理解してもらい、成果に結びつけていただけるように、わかりやすくまとめることにしました。


ドラッカーの論文は大別すると、次の3つの分野からなります。

①個人の仕事の成果やキャリアを考える

主な著書：『経営者の条件』『プロフェッショナルの条件』

②組織のあり方、マネジメント、事業戦略など会社経営を考える

主な著書：『現代の経営』『創造する経営者』『イノベーションと企業家精神』『マネジメ

ント』

③ 社会や産業、経済、政治の変化について考える

主な著書：『断絶の時代』『ポスト資本主義社会』『ネクスト・ソサエティ』

本書が扱うのは、主に②の領域です。

そして本書の構成は、もちろんドラッカー理論を中心に進行しますが、実践書という位置づけから、ほかにも関連している経営理論との結びつきも紹介させていただきました。

「何をやるか」（行く先・方向性）に確信を持てないままで「どうやるか」（やり方）に集中しても努力が無駄になってしまいます。成果をだすためには、まず「何をやるか」を明確にすることが重要です。その「何をやるか」が「経営戦略」です。

本書は努力が無駄にならないよう、「経営戦略を定める方法」と「定めた戦略で成果をだす仕組み」を解説しています。

私はリクルート勤務時代からドラッカーの影響を受けてきました。起業家となり、迷うことがあったら、ドラッカー理論に導いてもらいました。そんな師ともいうべき哲学を、

このような機会をいただいて読書の方々に提供できることに喜びを感じるとともに、重い責任と受け止めています。

ドラッカーの言葉に、「リーダーシップとは行動である」「マネジメントとは成果をだすことである」とあります。私も、「行動しない理論には意味がない。理論も実践も手段で、成果をだしてこそ、真の価値である」と思っています。その目的にかなう内容を目指して書き上げました。

この結びに本書を読むにあたって胸に刻んでいただきたいこと。

それは次のドラッカーの言葉です。

「マネジメントは学べることである。そしてマネジメントの基本と原則に反するものは、例外なくときを経ず破綻するという事実だった。(マネジメント基本と原則)」。

マネジメントの基本と原則は学べるのです。さあ、基本と原則を学び、あなたの会社を未来に続くすばらしい会社に変えていきましょう。

和田一男

もくじ

小さな会社こそが実行すべき　ドラッカー経営戦略

第②章【現状分析編】自社を見直す……47

第③章 【経営戦略の基本編】勝つための戦略とイノベーション……77

第④章 【組織設計編】会社に適した構造をつくる

おわりに

○カバーデザイン　ＯＡＫ 齋藤 加奈
○イラスト　まるはま

第①章　[基礎編]

企業活動の基本

Drucker
Business Strategy

01

ドラッカーとはこんな人

P・F・ドラッカー（ピーター・ファーディナンド・ドラッカー）は、1909年11月19日オーストリア・ウィーンで裕福なドイツ系ユダヤ人の家庭に生まれました。若くから独立志向が高く、大学に通いながらも同時に職に就き、貿易商社の見習い、証券アナリスト、新聞記者と経験を積みます。そのころアドルフ・ヒトラーに取材を許されています。

しかし、ナチスが政権を掌握していく中、1933年に発表した論文が、反ファシズムの内容で、ナチ党の怒りを買うことを確信し、自らがユダヤ系であった事情も考え、イギリスのロンドンに移住しました。投資銀行に勤め、結婚し、27歳でアメリカ合衆国に渡り、大学に勤務します。

1943年にはゼネラルモーターズ（GM）のコンサルティングを行い、1946年に最初のマネジメント本といわれる『会社という概念』を刊行します。1951年にはゼネ

ラル・エレクトリック（GE）のコンサルティングも行いました。そして1954年、日本の企業にも大きな影響を与えたといわれる『現代の経営』が刊行されます。

日本へは、1959年初来日以降たびたび訪れています。ドラッカーの日本びいきは有名で、著書の中でも数多く日本のことが触れられています。日本画や禅、日本の歴史などにも深く通じているのです。

1971年にはクレアモント大学大学院にマネジメント科を設立し、2003年まで教鞭をふるいました。その間、著書や論文を毎年のように発表し、精力的に執筆活動を行い、幅広く世界に影響を与え続けてきましたが、2005年11月11日、自宅にて永眠されました。

ドラッカーは「マネジメントの発明者」や「マネジメントの父」などといわれ、未来を洞察することから「未来学者」などとも呼ばれます。自分では、「社会生態学者」と名乗っています。

対象とするテーマが企業経営から非営利組織、個人の仕事やキャリアから政治や社会のあるべき姿まで、幅広いのが特徴の一つです。そして、50年前、60年前の著書の内容がいつまでも古びず、何度読んでも新鮮な言葉として入ってくるから、多くの人に長く愛されているのです。

02

我々の事業の目的は何かを考える

企業の存在理由とは何でしょうか。

ドラッカーの有名な言葉に**「企業の目的は顧客の創造である」「企業の目的を営利組織と答えるのは、間違っているだけではなく、的はずれである」**というものがあります。**「顧客の創造」とは顧客の欲求を満足させること**です。

企業は社会の一機関ですから、社会やコミュニティ、個人の特定ニーズ（「顧客価値」）に応えるために存在しているのです。つまり、商品・サービスの提供により、顧客をつくりだしていくことが企業の目的となるのです。

顧客を創造するには、**「我々の事業は何か。何であるべきか」**という問いに、明確な答えを持たなければなりません。

最初に考えるべきことは、**「顧客は誰か」「顧客はどこにいるのか」**です。そして次に考えることは、**「顧客は何を買うのか」「顧客にとっての価値は何か」**です。これが最も重要です。なぜならば、顧客は製品を買っているのではなく、「自分たちの欲求を満たす手段」を買っているからです。

鉄道会社は貨物と乗客を運び、保険会社は保険を売る。住宅会社は家を売る。病院は病人や怪我人を治療する。簡単でわかりきったことと思われるかもしれませんが、それが正しいとは限りません。自分たちが売っていると考えているもの（サービス）を顧客が買っている場合のほうが稀《まれ》なのです。

１９３０年代の大恐慌の頃、高価なキャデラックを購入する顧客は、輸送手段としての車を買っているのではなく、ダイヤモンドやミンクのコートのようなステータスとして購入していたのです。

最近の自動車業界では、ＢＭＷが「走る楽しさ」、ＶＯＬＶＯが「安全」、メルセデスやレクサスは「ステータス」を商品にパッケージ化して打ちだしていました。

自社の存在価値を問う、**「ドラッカーによる5つの質問」**というものがあります。以下の5つの質問に答えて、自社の事業のあるべき姿、事業計画の優先順位、目標設定などに役立てましょう。病院や学校、ＮＰＯなどの非営利組織における事業計画づくりにも活用されています。

建設会社の場合を例としてあげました。

(1) 我々の使命は何か?

例：「お客様の将来をイメージした生活提案」

(2) 我々の顧客は誰か?

例：「ライフスタイルを大切にしたいお客様」

(3) 顧客は何を価値あるものと考えるか?

例:「人生の記憶に残る家づくり」

(4) 我々の成果は何か?

例:「家づくりを通して感動していただくこと」

(5) 我々の計画は何か?

例:「お客様に感動してもらう数」
「社会に必要とされる基準としての売り上げ」
「自社の存在を将来に渡って支持してくれる指標としての利益」
「サービスの拡大をむやみに狙うのではなく、感動を共有したお客様と長くつき合っていくこと」

03

企業の基本的な3つの機能

企業がどんな存在かを決めるのは、外部から見ている顧客です。そして、顧客との関係性を決める基本的機能が**「マーケティング」**と**「イノベーション」**の2つです。

マーケティングとは、「顧客は何を買いたいか」、「顧客が求めている価値や満足は何か」を追求する活動です。一般に語られる、「市場調査」や「広告宣伝」という狭い意味ではなく、事業戦略そのものにつながる活動になります。簡単にいい替えると、**「顧客の求めている商品・サービスを提供すること」**です。

ドラッカーはマーケティングと販売（営業）を明確に区別しています。販売（営業）は製品からスタートし、企業側の都合でお客様に売り込む活動であり、マーケティングは顧客のニーズに応え、自然に売れる商品サービスを生みだすことです。営業活動がなくても自然に売れるようにすることで、究極的にいえば、営業マンが不要になります。顧客を起点としたマーケティングは、単なる販売部門の仕事や専門化されるべき活動ではなく、全事業に関わる活動です。

イノベーションとは、新しい満足を生みだす事業活動のことです。「よりいい製品、より多くの便利さ、より大きな欲求の満足」を追求する経済活動です。簡単にいい替えると、**「顧客が潜在的に求めているであろう、今後広がる新しい商品サービスを提供すること」**です。

画期的な発明や革新的な新製品のことだけではありません。むしろ、新しい視点から捉えた商品サービスや新しい組み合わせで価値を高めることを重要視しています。イノベーションの実現を天才の出現や偶然に頼ってはいけません。イノベーションを必然に生みだす仕組みを構築し、運用していくことが重要であると説明しています。

第3章28項の「7つの機会」では、具体的な商品サービスを例にあげて説明します。

そして、マーケティングとイノベーションを通して顧客の創造（顧客の欲求を満足させること）という企業の目的を達成させるために、**商品サービスの付加価値を最大化する活動がマネジメント**です。

マネジメントの対象を経営資源〈ヒト、モノ、カネ、時間、知識（ノウハウ）〉と呼び、効果的かつ効率的に利用することが必要となります。
詳しくは第2章以降で説明します。

マーケティングとは現在の視点で顧客のニーズを追究する機能。
イノベーションとは将来の視点で成長と変化を仕掛けていく機能。
それらの機能を最大化することがマネジメントです。

そうした企業経営における3つの活動の結果として得られるものが、「利益」となります。

〈マーケティングとイノベーションとマネジメントの関係〉

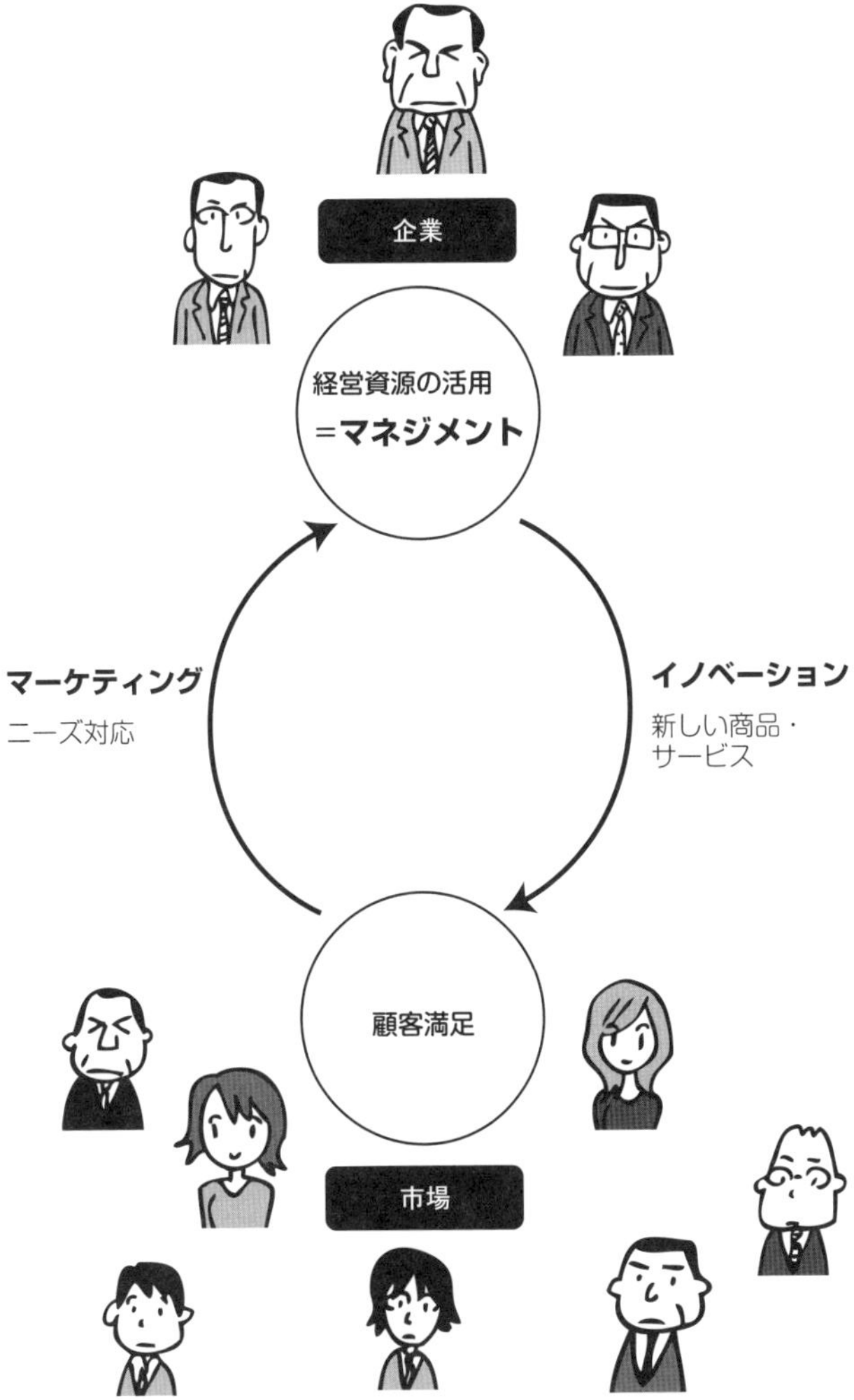

04

企業経営の原理原則

未来は明日つくるものではありません。今日つくるものです。
経営幹部が今日同時に行わなければならない仕事が３つあります。

①今日の事業の業績を上げる仕事（短期的視野の仕事）
②潜在的な機会を発見し、実現する仕事（中期的視野の仕事）
③明日のための新しい仕事を開発する仕事（長期的視野の仕事）

これら３つの仕事に求められるゴールはまったく異なったものとなります。ですから、それぞれ異なるアプローチが必要であり、異なる問題提起が必要です。しかし、３つの仕事は互いに切り離すことはできません。

経営幹部は、目の前の数字だけを追いかけるのではなく、将来の事業を支える長期的な仕事にもとり組まなければならないのです。それなのに、「未来の仕事を深く考えることに充分な時間を割けない」というセリフを口にする人がいるのです。今日の仕事を放っておいて、明日の仕事に着手することができないといういい訳をするのです。

しかし、今日の仕事を思い通りにできないのは、事業を正しく理解するための知識（ノウハウ）や方法論が乏しいことが原因です。まずは、今日の問題を整理し、時間をかけずに効果的に解決できるようにならなければなりません。

そのためにも自らの事業を正しく理解する「業績を上げるための原理原則」を知り、仕事を整理しておきましょう。

◎業績を上げるために知っておくべき原理原則

① 企業の求める成果は、企業の内側にはなく外部、すなわち市場や顧客の側にある。外部に関心を向ける。
② 問題の解決によって得られるものは、通常の状態に戻すこと。成果を上げるための妨げをとり除くだけ。結果的には現状維持が精いっぱいで、失敗しない企業になるだけ。前進がない。
③ 成果を上げるには、将来に向けた新たな機会を見つけ、そこに経営資源を投じなければならない。

④成果は市場における差別化、リーダーシップ的地位（他社にはない価値）を打ち立てることによってもたらされる。

⑤いかなるリーダーシップも、うつろいやすく短命である（すぐマネされる）。

⑥既存の事業は永遠ではない。時代遅れになる。

⑦既存の事業は、過去の栄光に引っ張られ、適正な資源の配分が行いづらい。よくある例として、「90％の利益」が上位10％の仕事からもたらされ、「90％のコスト」が利益を生まないそのほかの仕事から発生している場合がある。過去の成功や仕事の大きさに惑わされてはいけない。

⑧業績を上げるために重要なことは、大きな利益を上げる少数の商品や顧客に集中すること。

大切なことは、目の前の仕事をひたすら正しく行うことではなく、将来に向けた正しい（戦略的な）仕事を見つけだし、よりよい未来を実現していくことなのです。

〈短期的、中期的、長期的視野の仕事を考える〉

05

利益の役割を知ろう

企業の目的が「顧客の創造」であり、営利組織ではないとしたら、利益とは何でしょうか。ドラッカーは**「利益は目的ではなく結果である」**と説明しています。マーケティング、イノベーション、マネジメントの結果、手にするものです。

なぜ利益が目的ではないのでしょうか。

利益は「売上－コスト」で算出されます。

コストを抑えるために、安く買いたたく、従業員を薄利で働かせるなどの活動を続けたらどうなるでしょう。

出費を減らすために、将来のための投資やイノベーションを否定したらどうなるでしょう。

利益を上げるために、必要以上に高く売り続けたら顧客はどう感じるでしょう。

利益を目的にすると、このような活動が正当化されます。ですから、利益を目的にしてはいけないのです。

しかし、企業には事業を継続していくために、最低限上げるべき利益があります。利益を計画的に活用するためには、利益を生みだすための計画が必要です。利益を最大限に生みだす計画ではなく、必要額レベルの計画でなければなりません。

この**「最低限の利益以上の利益を目標および尺度に設定」**することがマネジメントの条件となります。

我々の生活においても、所持金や貯金や毎月いただく給与そのものが人生の目的ではないですね。人生を豊かにするための条件のうちの一つといえます。企業活動においても、利益は、経営を継続していくための条件の一つとなります。しかし、利益は「決定的に重要な経済的機能を果たす必要不可欠のもの」です。

「利益の主な役割」は以下の4つです。

① 利益は成果の判定基準である

企業は、成長を目的とします。その成長の質ともいうべき、事業の仕事ぶりを判定するための尺度が利益です。

②利益は不確実性というリスクに対する保険である

企業にとって最大の責任は存続することです。事業を続けていく上で、避けることのできないリスクや業績変動に備えるために、余剰分を生みださなければなりません。その源泉が利益です。

③利益はよりいい労働環境を生むための原資である

新しい雇用、より多くのよりいい雇用の場を供給する資本です。その循環によって、労働者への豊かな生活の提供を実現しています。

④利益は社会的なサービスと満足を拡大するための原資である

企業の生みだす利益が経済活動を活発化し、社会活動に必要な医療や教育や道路整備など社会的サービスの充実を可能としています。

● コラム：ドラッカーとパレートの法則

ドラッカーは著書『創造する経営者』の中で、「社会現象は正規分布しない。一方の極の10%〜20%というごく少数のトップの事象が、成果の90%を占め、残りの大多数の事象は、成果の10%を占めるに過ぎない」と説いています。

これは、おそらくイタリアの経済学者ヴィルフレド・パレートによる「パレートの法則」がもとになっているのではないかと思われます。

そしてドラッカーは、さらにこの現象が、顧客と売り上げの関係、業績と利益の関係にも応用できると説明しており、「集中すること」が成果を最大化することになることを戦略的視点で訴えています。

我々コンサルタントがクライアントに最初に手掛ける「選択と集中」のアプローチが、およそ50年前の著書の中で強調されていることに驚きを隠せません。

06

事業ドメインの設定と顧客価値

企業の活動範囲や存在領域を「事業ドメイン」と呼びます。

企業は事業ドメインを明確にすることによって、その企業が何をするための組織なのか、存在意義やミッションが明確になり、事業戦略が立てやすくなります。

例えばオリンパスの得意技術は顕微鏡開発で養った「光学微細技術」であり、そこから事業ドメインは「映像事業」や「医療事業」へと発展していきました。

事業ドメインという考え方は、セオドア・レビット氏が1960年にハーバード・ビジネス・レビューに発表した論文「マーケティング近視眼」が起点となって、広がったものです。レビットは、企業の衰退理由として「顧客の期待を満足し続けることを忘れ、狭い範囲に製品やサービスを定義してしまう」ことをあげました。

論文の中で、「なぜアメリカの鉄道会社が衰退したのか」という有名な事例があります。アメリカ鉄道会社の衰退は、旅客と貨物の輸送ニーズが減ったためではなく、自社を「鉄道事業」と狭くしか捉えておらず、「輸送事業」として見ることができなかったことにあると説明しています。

社会インフラや技術の進歩の中で、顧客の「輸送ニーズ」の広がりや、トラックや飛行機の出現に対応することができず、衰退していったのです。

それとは対照的に、日本の私鉄は「路線開拓・生活支援」の使命感が強かったため、鉄道事業以外に、不動産、流通、旅行、観光など路線地域において、存在価値を高めて拡大してきました。

彼は、事業を企業サイドが提供する「製品」中心ではなく、顧客サイドが求める「ニーズ」中心で表現することを提唱しました。「ニーズ」とは機能であり、顧客に提供する価値（顧客価値）ということになります。

つまり**企業は、顧客の購買意欲を促し、その企業と取引したいと思わせるような活動をする**ことが中心であるべきと強調しています。

〈鉄道事業〉

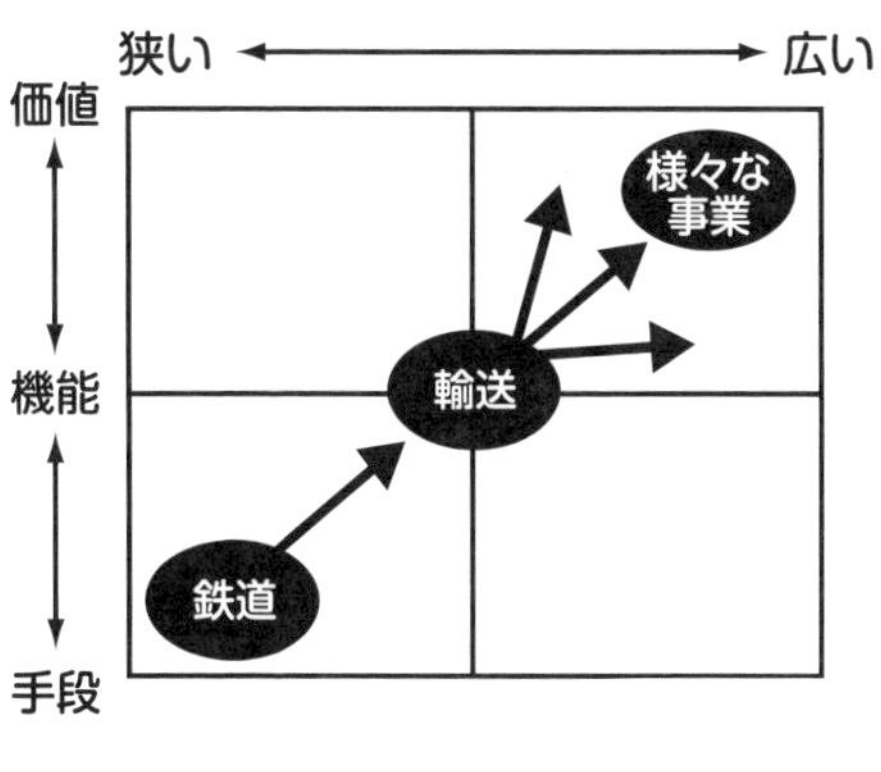

多数の同業他社がひしめく市場にあって、他社と異なる特別な価値を持つことが、その会社の存在意義となるのです。レビットの論文は、さまざまな立場の人々に影響を与えました。

ハーバード・ビジネス・スクールで教えていたデレク・エイベルもその一人です。

彼は、「顧客層（ターゲット）」「顧客価値（機能）」「技術（ノウハウ）」の3点で「どういうお客様に、どのような価値を、どのような技術・ノウハウで提供するか」によって事業が成立するのかを示し、その全体を事業ドメインと定義しました。

例えばアスクルの事業を考えた場合、

〈エイベルの事業の3次元〉

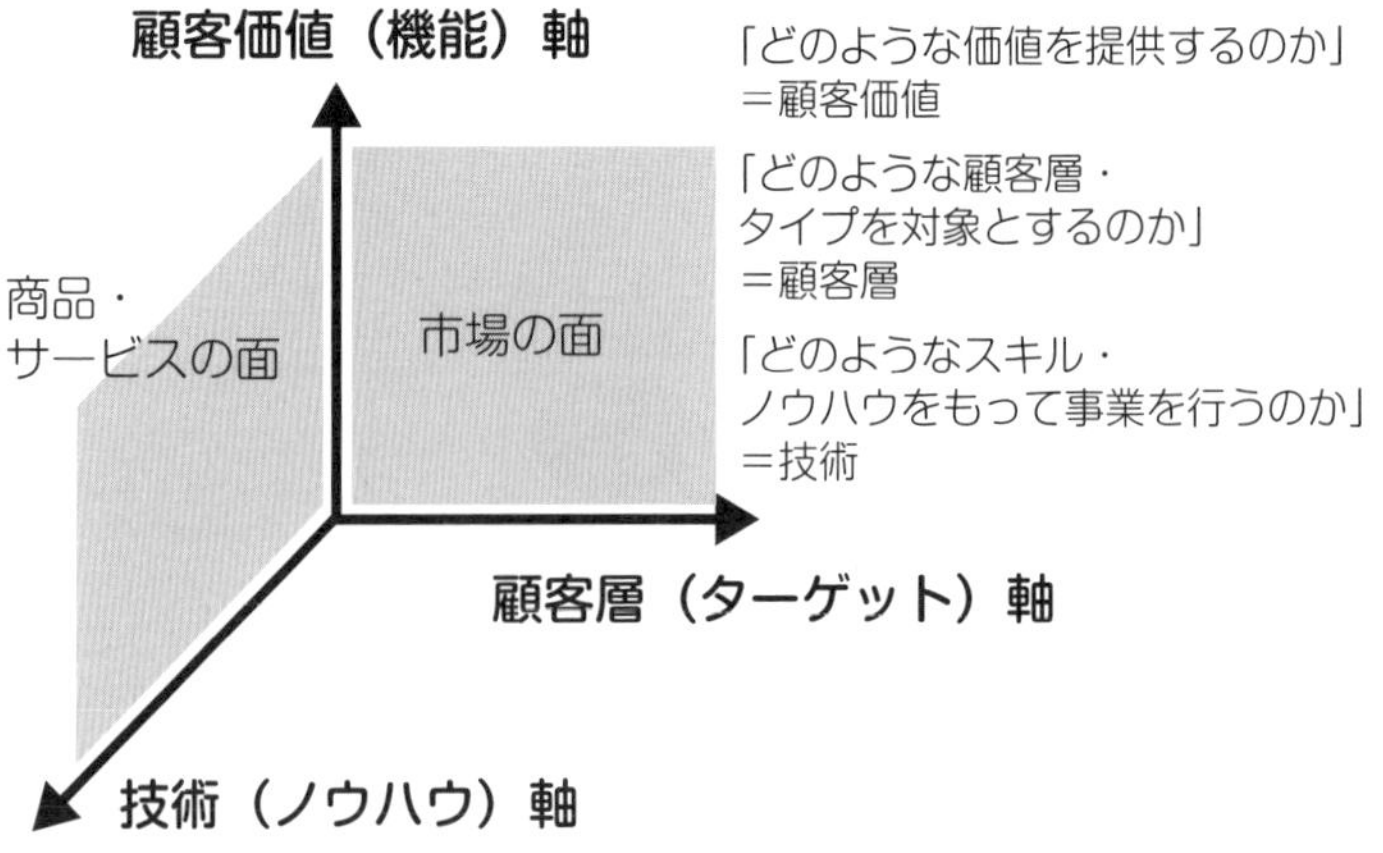

「顧客価値」と「顧客層」の２軸の掛け合わせ＝市場
「顧客価値」と「技術」の２軸の掛け合わせ＝商品・サービス

先行のコクヨが大企業、大口取引先を押さえてしまっていたため、顧客を中小事業所に置き、すべてのメーカーの文房具を通信販売という手段で翌日届ける、というビジネスモデルで立ち上げました。顧客の視点で利便性を追求したビジネスモデルは、その後進化し、今や中小事業所を中心に120万を超える**顧客**に、「在庫管理」「独自の発注システム」という高度で蓄積された**技術**（システム）によって、顧客にオリジナル商品を含めた20万アイテムが「明日来る」という**価値**を提供しています。

一般的に供給サイドにいる企業は、その会社が生みだしてきた「卓越した技術」にこだわる傾向があります。しかし、ターゲットである顧客にとっての価値を生みださなければ、卓越した技術とはいえません。

実際、企業が提供する「商品価値」と、顧客が受けとる「顧客価値」とは一致しないことが多くあります。

ドラッカーも**「自分たちが売っているもの（サービス）を顧客が買っている場合のほうが稀《まれ》なのです」**と指摘しています。企業は、卓越した技術を持つほど、自己満足に陥りやすい傾向があります。既存の勝ちパターンから抜けだせなくなってしまうのです。「イノベーションジレンマ」という論文でもそのことが指摘されています。

新しい顧客価値	新しい市場	実現するための条件
生活支援	住宅分譲 、スーパー	駅、土地所有
販売促進	販売支援総合コンサルティング	事業理解、市場理解、幅広い総合企画力
安らぎの空間	高齢者、主婦	高齢者･主婦の嗜好にあわせた空間づくり
第２の職場	ビジネスマン	通信環境
健康増進	中高年	東洋医学、健康指導ノウハウ
エステティック	30 代以上女性	美容、ダイエット指導ノウハウ
新しいライフスタイルの実現	リフォーム、防犯、保険、介護、相続	生活設計に合わせた生涯の付き合い、顧客との信頼関係
健康、体力回復、新しいコミニティ	軽度の介護者、通いの高齢者（対象を拡大する）	健康･医療アドバイス社会的接点の演出

〈イノベーションによる新しい市場への展開例〉

企業	現在顧客	現在顧客価値
鉄道会社	地域住民	移動手段
広告代理店	広告主	広告出稿代理
カフェ	コーヒー好きの若者	飲食
マッサージ店	肩こり、腰痛持ちの人	体の不調の改善
住宅販売会社	住宅購入予備軍	新築戸建提供
老人ホーム	1人暮らしの高齢者	高齢者・ 介護必要者の 生活支援

07

マーケティングとセリング（販売）の関係

マーケティングは「お客様の立場に立って、何を買いたいかを考えること」です。それに対し、**販売（セリング）は、売り手の立場から、何をどう売るかを考えること**です。両者の考えは、同じ意味ではないどころか、逆の考えです。

マーケティングが目指すものは、「販売しなくても自動的に売れること」です。マーケティングはその重要性が繰り返し説かれてきたにもかかわらず、ほとんどの企業で正しく行われていません。

確かに言葉の意味から混乱しています。その後、セオドア・レビット氏やフィリップ・コトラー氏もドラッカーの考え方に追従しているように、基本的な考え方はときを経ても変わっていません。

皆様の企業で活用しやすいように、マーケティングとセリングの違いと方法を以下にまとめておきます。

表のように、マーケティングは分析、仕組み中心の方法ですから、顧客の声を敏感に拾いながら変化していかなければ、固定化・パターン化に陥りやすく、顧客のニーズから乖離《かいり》し、とり残される可能性があります。

自社製品中心のセリングをやっていた時代はもう過去のことです。**これからは、複雑な顧客ニーズに迅速に対応するマーケティング活動が必要になってきます。**営業マンはマーケティング発想を兼ね備えなければ生き残れません。

ドラッカーは**「マーケティングの理想は販売を不要にすること」**と説いていますが、マーケティングと営業（新しい形の販売）は補完しながら、お客様の満足を最大化していくことが理想となります。

マーケティング	切り口	セリング
顧客の拡大と継続的成長	目的	現状の売り上げ確保
顧客・市場ニーズ	視点	自社の既存商品
顧客獲得のための総合的活動	考え方	効率的な売り込み方
分析・仕組み構築中心	方法	人間・アクション中心
顧客満足による利益	成果	数量に基づく売り上げ

●利益を目的としない経営を貫く「伊那食品工業株式会社」

長野県伊那市に「いい会社をつくりましょう～たくましく　そして　やさしく」という社是を道標として掲げ、増収増益を続ける伊那食品工業があります。設立は1958年。

その経営のあり方は、「年輪経営」と呼ばれ、木の年輪のように、少しずつ、前年より確実に成長していく姿を理想とします。売上目標は設定せず、「前年を上回ればいい、いい、健康な会社であれば利益は結果としてでてくる」という考えです。

「他社の犠牲の上に成り立つ利益は利益でない」という信念で、仕入れ業者に値引きを求めない、自らも値引きをしない。ヒット商品がでても、急成長やブームに乗った増産をしないように販売を抑える。それでいて、商品の寒天の国内シェアは75％、経常利益は常に10％以上の高利益率体質です。

強さの秘密は、研究開発型企業であること。目先の効率は求めません。社員の1割が研究開発に投入されています。寒天という絞られた素材に、新しい用途、新しい市場を掘り起こしていきます。新しい商品であるから高シェア、高収益を生みだすことができるという循環です。

そしてもう一つは、社員を大切にすること。結果としてでてくる利益は社員に還元し、人件費や福利厚生費で厚遇、給与、賞与は毎年前年を下回ることはありません。社員食堂も充実、隔年海外へ社員旅行にもでかけています。基本、新入社員から育てます。社員の幸福感を生みだすさまざまな仕掛けがあります。社員もそれに応え、高いモラル（道徳）を示し、「凡事継続」と呼ばれている社会活動や掃除活動、改善活動などに主体的にとり組み、結果としてモラール（志気）に連動し、高い生産性に結びつけているそうです。

ドラッカーの唱える「利益の役割」を具体的に実践している、古くからの良き日本的経営を感じさせる、強い企業モデルであると思います。今後も引き続き研究をしていきたい経営のあり方です。

●地域密着の生活提案企業「ウスイグループ」

神奈川県横須賀市周辺では知らない人がいない存在感のある企業、ウスイホーム。1976年の創業以来、横須賀市を中心に、総合住宅事業として地域密着で展開してきました。

よりお客様のご要望にお応えしたいという思いから、2012年「＋U」というブランドコンセプトを掲げ、地域社会により貢献していく姿勢を表明しています。

＋生活に感動を起こします
＋時間に豊かさを届けます
＋幸せに力を与えます
＋街に未来を創ります
＋愛情豊かなくらしを目指します
＋社会に新しい価値観を提案します
＋夢のために私たちがいます

「住宅に関わることは、すべてお客様のご要望に応えたい」という思いを強く持ち、地域に密着したお客様のリピートや紹介を軸に成長してきました。

バブルのときにも「知らない分野には手をださない」という方針で住宅事業にこだわりました。そのことが、売買仲介、賃貸仲介、分譲、建設という住宅事業領域から、リフォームの強化、土地の有効活用提案、賃貸管理、ライフプランコンサルティング、保険の見直し提案と手堅く拡がりました。

今では、高齢者に対する相続・サードライフ相談、乳幼児・幼児の保育教育事業などという新規事業が立ち上がり、「お客様の一生涯に渡るベストパートナー」となるよう、さまざまなセミナーを開催するなど、地域サービスにとり組んでいます。

地域密着（同じお客様）に、さまざまなサービスを深く提供するという戦略になりますが、そのことを実現するためには、地元のお客様との信頼関係を築き、愛される社員づくりをしなければなりません。

絵に描いた餅にならぬよう、「＋Uの行動指針」を掲げ、新卒採用からの教育、社員の質、人間性を重視、人事評価の見直し、お客様満足を高めるOB（過去取引のあった）顧客訪問部隊の設置、「＋Uの行動指針」に求められる活動表彰などを行い、社内浸透を図り、思いを一つにする努力をしています。

「アメリカの鉄道会社の例」に陥らぬよう事業ドメインを広げ、マーケティング発想で、お客様の立場でサービスを考え、地域のお客様に愛される、生涯のベストパートナーとしての地域密着型企業を目指しています。

第②章　[現状分析編]

自社を見つめ直す

Drucker
Business Strategy

08

事業戦略策定に必要な4つの分析

企業を存続・発展させるためには、自社の事業について理解を深め、明日に向けた事業戦略を策定しなければなりません。そのためには、事業の骨格となっている、自社のお金を儲ける構造を調べることからはじめます。

そこで、次の4つの分析を行い、総合的に検討していきます。

①3つの領域〈製品・市場・流通チャネル（販路）〉の分析（本説明では製品分析のみ）

②コスト分析

③マーケティング分析

④知識（ノウハウ）分析

まずは、3つの領域〈製品・市場・流通チャネル（販路）〉の分析を考えてみましょう。

業績を上げるために必要な要因は、製品です。そしてその製品を必要としている市場です。また、顧客に製品をつなげるための流通チャネルが必要です。

製品は企業内部の問題ですが、市場と流通チャネルは企業の思い通りにはいきません。業績不振の企業には、これらの3つの領域のどこかに欠陥があります。全盛期を過ぎた製品は必要とされません。どんなに製品がよくても、市場を間違えれば売れませんし、適正な流通チャネルに製品を乗せないと顧客がいる市場には届きません。

09

製品分析の基本 ① 利益貢献分析

事業を分析するには、まずはじめに、製品についての分析を行います。自社の「製品分析」を行う手法として、次の４つがあります。

① 利益貢献分析
② リーダーシップ分析
③ 資源配分分析
④ 製品分類分析

まずは、①利益貢献分析から見ていきます。

利益貢献分析とは、それぞれの製品が企業の利益に対して、どれだけ貢献しているかを明らかにすることです。以下の指標を用います。

（1）総純売上高〈総売上高から原材料費を引いたもの〉
（2）総売上総利益〈（1）総純売上高から固定費を引いたもの〉
（3）製品別売上総利益〈製品別の総売上総利益〉
（4）製品別配分コスト〈製品別のコスト〉
（5）製品別純利益〈（3）製品別売上総利益から（4）製品別配分コストを引いたもの）〉

以上の指標を通じて、全体利益に対する製品別の利益割合を明らかにすれば、どの製品の売り上げに力を入れれば、業績全体に好影響を及ぼすかがわかります。

10 製品分析の基本② リーダーシップ分析

製品が市場でリーダーシップをとれているかという評価、および製品の将来性という未来における評価を調べます。

製品のリーダーシップという言葉で考えると、市場シェアで判断してしまいますが、ドラッカーはこれを否定しています。

製品のリーダーシップを持つということは、「市場や顧客のニーズに最も適合している」ということです。つまり「顧客が喜んで対価を払ってくれる」ということです。

最大のシェアを持つ企業が本当のリーダーシップを握っているというケースは一部にしか過ぎません。シェアが最大でも、小さな競争相手より利益率がはるかに劣るというケースが多くあります。ドラッカーは、むしろ**非常に小さな分野に特化した企業のほうが、リーダーシップを握ることが多い**と指摘しています。

リーダーシップを明らかにするには、以下の問いに答えることが必要です。

「ほかの製品に優先、少なくとも同程度に求められて購入されているか」
（競合商品に比べて、進んで購入されているか？）

「顧客に購入させるには、特別のアフターサービスが必要か」
（おまけや付帯サービス、キャンペーンなどイベントなしに売れているか？）

「顧客からの代価として、最小限必要な平均的な利益を得ているか」
（値引きに頼ることなく売れているか？）

「製品の特性に見合う代価を受けているか」
（価格設定は適正か、原価に見合っているか？）

「我々が知らないリーダーシップや特性があるのかどうか」
（意図しない成功、意外な売り上げとなっていないか？）

そして、現在だけではなく、将来性という意味で、長期的な視点を重視し、趨勢《すうせい》や見通しも同時に明らかにする必要があります。

11

製品分析の基本 ③ 資源配分分析

企業の中心的な資源である、知識（ノウハウ）や資金などが、どのように製品へ配分されているかを分析します。

知識は、人的資源（人材の能力）、購買、販売、アフターサービス、技術などを意味します。資金は、運転資金や販促費などを指します。

具体的には、これら稀少で高価な資源である「知識や資金」などがどのように使われているか、以下のような分析をしてください。

・どの商品に対して使われているか

例えば、優秀な技術者がどの商品の開発に携わっているか。

・業績をもたらすいかなる領域に使われているか

例えば、優秀なマネジメント人材がどの部署に配属されているか。

・機会と問題のいずれに対して使われているか

例えば、金融機関からの短期借り入れがリストラ費用に使われるか（問題）、新たな人材採用に使われるか（機会）。

・重要かつ最も将来性のある機会に対し使われているか

例えば、販促費が在庫処分に使われるか、新製品販売に使われるか。

そして、これらの分析は、予算の金額や人間の数など定量的な基準よりも、割り当てた資源の質（人材の能力など）と、それらの用途や目的（クレーム対応か販促投資なのかなど）を明らかにすることの方が重要です。

なぜなら、後者の影響の方が、生みだされる成果の差につながるからです。

この分析により、管理可能な資源が何に支出され、何に投資されるか、そしてその配分が企業の業績とどういう関係にあるかがわかり、製品を理解する上で欠くことのできない情報となります。

12

製品分析の基本 ④ 製品分類分析

製品を分類し対策を考えます。ドラッカーは11種類に分けて、それぞれに特徴、とるべき対策、処方があると説明しています。

最初の5つは対応が容易なものです。

① 今日の主力製品

現在の主力になっている製品。成長の余地は残されているか、資源を過剰配分していないかを注意する。

② 明日の主力製品

明日の主力となる製品。追加資源の見返りが最も大きな製品で、育てる努力が必要。

③ 生産的特殊製品

限定された特殊な市場を持つ製品。市場でリーダーシップを持つ製品別純利益の大きい製品。

④ 開発製品

見通しのまだわからない、市場に導入中の製品。潜在成長力は期待されるが、後述する独善的製品にならぬよう、注意が必要。

⑤ 失敗製品

明らかな問題製品。痛みは大きいが、廃棄や安売りなど対応ははっきりしている。

次の６つは対応が難しいものです。

⑥ 昨日の主力製品

もはやピークを越えてしまった製品。利益には貢献していない。貢献度や愛着はあるが、衰退を防ぐことはできない。早い決断が必要。

⑦ 手直し用製品

製品の手直しによって、大きな成長、市場のリーダーシップ、見返りが大きいと判断される製品。手直しのための欠陥が明確で、内容も容易で、大きな利益と成長が現実に見込めるもの。手直しの機会は一度限りとしないと、問題がさらに深まっていく可能性が高い。

⑧ 仮の特殊製品

主力製品となりうるのに、特殊製品として扱ってしまっているもの。個別の顧客だけではなく、市場から見た製品の位置づけや次世代の製品の在り方を考える必要がある。

⑨ 非生産的特殊製品

市場において無意味な差別化を行っている製品。経済的機能をはたしていないために、売れない。利益流出の原因ともなる。

⑩ 独善的製品

明日は成功すると信じられていて、多額の投資をしているが、明日が来ない製品。成功するまでやり直すなどと固執するケースは極めて危険な状態。

⑪ シンデレラ製品、睡眠製品

チャンスを与えればうまくいくかもしれない製品。機会を活かし、資源や支援を十分与えるべき製品だが、社内の力関係で思い切ったシフトが行われていない場合がある。

このように、製品の分類、そして処方を考えることも重要ですが、製品の性格の変化を注意深く捉えなければなりません。なぜなら、時間が経てば①今日の主力商品が⑥昨日の主力製品になったり、④開発製品が⑩独善的製品になったりするためです。変化を知るためには、２つの原則があります。

① 予期したものと違う結果がでるようになる

期待と業績を比較することによって、独善的製品という退化していく傾向や、シンデレラ製品という機会の喪失を発見することができます。

② 投資の増分に対して、得られる産出量が得られない

永久に続く製品はありません。すべての製品にはライフサイクルがあり、製品のステージが変化します。

変化を的確に捉え、どの商品にどれくらい投資すればいいかを診断することが、明日の予測と予防のための手段へと変わります。

※これらの分析は市場や流通チャネル（販路）にも行うことができます。

13 コスト分析の基本① コスト管理の原則

コストを考える上で、コスト管理の正しい原則を理解する必要があります。「コスト分析」の基本を学び、コストを分類して、その種類に応じた対策を考えます。

コスト管理の最も効果的な方法は、業績を上げるものに資源を集中して投入することです。ドラッカーは「業績を上げるための機会の最大限の開拓こそ、コスト当たりの業績比を上げ、コスト管理と低コストを実現する王道である」と断言しています。コストは業績を上げるために必要な投資として存在します。業績を上げないものはコストではなく、浪費に過ぎません。

コスト管理の効果を上げるためには、以下の5つの原則があります。

① **コスト管理はコストが最大にかかっているところに集中しなければなりません。**削

郵便はがき

恐れ入りますが
50円切手を
お貼り下さい

112-0005

東京都文京区水道2-11-5

明日香出版社 行

感想を送って頂いた方10名様に
毎月抽選で図書カード（500円）をプレゼント！

★小社書籍がお近くの書店さんで入手できないときはこのハガキでご注文できます。

※別途手数料・送料がかかります。（下記参照）
※お支払いは〈代金引換〉です。（クロネコヤマト）

ご注文 合計金額（税込）	
	1000円以上　手数料200円
	1000円未満　手数料200円＋送料100円

ご注文書籍名	冊数

弊社ＷＥＢサイトからもご意見、
ご感想の書き込みが可能です！

明日香出版社HP http://www.asuka-g.co.jp

愛読者カード弊社WＥＢサイトからもご意見、ご感想の書き込みが可能です！

この本のタイトル	月　日頃ご購入

ふりがな お名前	性別	男 女	年齢	歳

ご住所	郵便番号（　　　　） 電話（　　　　） 都道府県
メールアドレス	

● お客様の評価をお聞かせください

装丁 — 良い　悪い　理由（　　　　）

価格 — 高い　適切　安い

レイアウト — 読みやすい　読みにくい

理由（　　　　）

内容 — 期待通り　期待はずれ

理由（　　　　）

総評 — 良い　悪い

理由（　　　　）

● 明日香出版社の書籍購入の回数

初めて　複数回（　　回）　わからない

● よく買う書籍の出版社名

（　　　　）

ご意見、ご感想をアスカのホームページで公開してもよいですか？　はい・いいえ

●どんな書籍を出版してほしいですか？

減の規模が大きくても小さくてもかかる労力はほとんど同じです。よく見かける「経費一律カット」は効率的ではないということです。

②**コストはその種類**（15項参照）**によって、管理しなければなりません。**

③**コスト削減の最も効果的な方法は、活動そのものをやめてしまうことです。**コストの一部削減が、結果的に見れば効果的ではないことがよくあります。

④**コスト管理の成果を上げるためには、事業の全体を視野に入れなければなりません。**さもなければ、部門間の力関係によって、一部の部門のコスト削減成功がほかの部門の犠牲によって成立することがあります。

⑤コスト全体の把握と理解のためには、外部パートナーのコストを含む総コスト、原材料から最終商品に至る一連の経済連鎖、そして消費者の購買行動にまで至る**全経済活動を対象にした成果を目指さなければなりません。**

14 コスト分析の基本 ② コスト分析の方法

コスト管理を行っていく上では、次のようなコスト分析が必要となります。

① **大きなコストが発生していて、効果的なコスト削減が大きな成果を上げるコストセンターを見つけます。** 主に「資金管理費」「輸送費」「原材料費」などが指摘されます。飲食店の最も大きなコストに食材原価があります。しかし、食材原価を倍にしても、来客回転数を4倍にすれば、生産性は高まり、他店と商品の差別化し、利益を多く残すことができます（詳細は110ページの事例：「俺のフレンチ」）。

② **主たるコストセンターの中で、大きなコストを発生させているコストポイントを見つけます。** 重要なコストポイントは予想だにしていなかった、作業量が集中している、いくつかの隠れた活動であることがあります。

営業マンの移動時間や日報を書く作業時間は実営業時間に比べて、大きな割合を占めていることにいつも驚かされます。

③ **事業全体をコストの流れとして捉えます。**製造部の在庫が減れば売れません。営業が集中して売れば製造部の在庫を増やさなければなりません。コストポイントを独立した問題として扱うのではなく、事業全体のコスト体系の一部として扱います。

④ コストを企業内部の閉ざされたものと考えるのではなく、**最終的には商品に反映し、顧客が支払うものとして考えなければなりません。**

⑤ **コストを基本的な特性**(15項参照)**によって分類します。**

15 コスト分析の基本③ コストの分類

コストは４つの種類に分類され、それぞれ対処する必要があります。

①生産的コスト

顧客が必要とし、喜んで代価を支払ってくれる価値を提供するための活動コスト。**生産や販売、人材教育など事業活動として最大の成果を上げるために必要なもの**で、コストとして管理するのではなく、生産性によって評価すべきコストです。

②補助的コスト

経済価値は生まないが、経済活動に不可欠なコスト。**輸送や人事、経理などのコスト**で、廃止したらどうなるか、最小限必要な活動とコストはどの程度か、常に問わなければなりません。

③ 監視的コスト

何かをもたらすためではなく、悪いことが起こらないようにするためのコスト。**仕入先や流通業者の調査や管理するためなどのコスト**で、やめるとコスト以上の損失を受けるかを考えなくてはなりません。例えば、**営業マンに日報を書かせることなど**は検討が必要です。コスト削減キャンペーンなども活動自体が監視的コストを増大させてしまうので、総合的な検討が必要です。

④ 浪費的コスト

いかなる成果を生むことのない活動のためのコスト。**発注ミス、待ち時間、新入社員の退社など。**削減することは明らかですが、発見が難しい場合が多いです。特に何も行わないことによるコスト、無為のコストが最も高くつきます。浪費的コストは無意識を伴う場合が多いので、意識的に探す必要があり、特別の努力が必要です。

16

マーケティング分析の基本①　8つの客観的視点

製品や市場や流通チャネル（販路）などの「業績をもたらす領域についての分析」や、「コスト分析」などは、企業が「いかなる状況にあるか」を教えてくれます。

しかし、企業が「適切な事業を行っているか」「わが社の事業は何であるべきか」を知るためには、事業を企業の外部から見る分析が必要です。

事業の目的は「顧客の創造」です。「買う・買わないことを選択できる第三者（顧客）に、喜んで自らの購買力（お金）と交換してくれるもの（商品）を供給する活動」が事業といえます。

その事業を顧客や市場などの外部から見る「マーケティング分析」には、次の３つの次元の検討が必要です。

①顧客は誰か（顧客の定義）
②顧客はどこで買うのか（市場の定義）
③顧客は何に価値を見いだしているのか（用途の定義）

これら3つの次元による分析こそが、**「誰のために、いかにして、いかなる種類の満足を的確に供給しているか」**について、定義するための唯一の方法です。

事業の何に対して代価が支払われているかを企業の内部から知ることは容易ではありません。既成概念を捨て去り、顧客や市場の現実の世界を分析し、検討することが事業を把握する上で、最も重要になります。

〈お弁当のマーケティング分析〉

ドラッカーが指摘している、マーケティング分析の原理原則があります。以下に**「8つの客観的視点」**としてまとめます。

①顧客市場について、企業が知っていると考えていることは、間違っていることのほうが多い。顧客の事情をよく知っているのは、顧客自身である。

②企業が売っていると考えているものを、顧客が買っていることは稀《まれ》である。顧客が買っているのは、商品から得られる効用や満足で、企業が売っているのは商品という手段である。企業内の視点で考えていると、顧客の捉え方とのギャップに驚くことがある。

③直接の競争相手とみなしている製品やサービスが、本当の競争相手であることは稀である。新聞広告の競争相手がＴＶＣＭやネット広告であるように、顧客にとって得られる価値が比較される対象はすべて競合といえる。

④製品の最も重要な特色、優位性と企業が考えるものが、時として顧客にとってはまったく意味がないことがある。顧客の関心は自分にとっての価値だから。

⑤顧客は常に合理的である。企業の考える合理性と同じと考えることは危険。さらには、同じ顧客でも状況が違えば、違う基準で考え、行動する。

⑥市場にとっては、いかなる企業、製品も重要な存在ではない。多様な製品、サービス、満足の一部に過ぎない。企業やその製品がなくなったとしても、市場への影響力はほとんどないと考えなければならない。

⑦顧客が誰か、ということをわかっているという前提に立つべきではない。顧客の存在は単純ではなく複数のこともある。支払う者とは別に買うことを決定する者がいる場合もある。

⑧顧客と呼びうる特定の個人や集団を持たない企業や業界も多い。顧客を特定しづらい素材メーカー（ガラスやプラスチック、繊維など）などは、市場や用途からマーケティング分析するべきである。

17 マーケティング分析の基本② 9つの予期せざるもの

マーケティング分析は、単なる市場調査や顧客調査をはるかに超えるものです。すなわち、事業全体を見るものであり、市場、顧客、顧客の活動・その合理性そのものを見ようとするものです。

従って、**顧客の一見、理にかなっていないと思える側面を尊重しなければなりません。**不合理と思えることを合理的なことと判断して行動するのが顧客なのです。

そのような顧客の現実を見ることこそ、市場や顧客の観点から事業を見るために有効なアプローチとなります。

「顧客の合理性」を理解するために、次にあげる**「9つの予期せざるもの（予想と反する事実）」**を理解することが、自社が見えていない、事業を改善するヒントになるでしょう。

①自社の製品を購入しないのは誰か。購入者より圧倒的に非購入者のほうが多い。

②顧客は何を買うのか。お金と時間をどう使っているのか。その優先順位はどうか。

③顧客は他社から何を購入しているのか。何が魅力で、得られる満足はどうか。
④自社の製品やサービスで本当に重要な満足を提供しているものは何か。
⑤いかなる状況が、自社の製品やサービスなしでもすむようにしてしまうのか。
⑥顧客にとって価値を感じる商品の切り口は何か。顧客の感覚に響くものは何か。供給者の商品イメージと受けとる顧客の認識は異なる。
⑦産業構造の変化の中で、今後自社の競争相手になるのは誰か。
⑧今後の変化の中で、事業の新たな機会はどこか。どこが競争相手になるか。
⑨自社にとっては不合理に見える顧客の行動は何か。自社と顧客の価値観はまったく違うと考えるべき。供給者と顧客の認識のギャップに事業機会が生まれる。

どんなに小さな企業にも顧客は存在します。9つの質問からもわかるように、マーケティングは大企業だけに必要というわけではありません。中小企業の方が、あえて選んで買っていただいているお客様に絞られるため、理解しやすいと思います。

マーケティング分析により、自社に本当に必要な卓越した知識も見えてくると思います。

18

知識（ノウハウ）分析の基本①　5つの現実

事業の目的は「顧客の創造」です。顧客を創造するためには、顧客が喜んで自らの購買してくれる商品やサービスを生みださなければなりません。

そのとき活用するのが企業独自の知識（ノウハウ）です。

すなわち事業とは、「知識を活用して、資源を経済的価値に転換するプロセス」といえます。知識は情報を仕事や成果に結びつける能力で、人間の内側に保有される資源です。知識を持っているだけでは経済的価値を生みません。その知識を有効にするためには、個人や組織から引きだして、事業の外部に存在する、顧客、市場、用途（使い方）に応用させなければなりません。

事業成功の条件となる、市場におけるリーダーの地位を手に入れるためには、差別化が必要です。差別化には卓越した知識（技術もノウハウの一部）を必要とします。**卓越した知識だけがその企業に利益をもたらします。**差別化の源泉は、事業の存続と成長の源泉でもあり、それは、企業の中の人たちが保有する独自の知識に由来します。

その知識の特徴をドラッカーは**「5つの現実」**として次のように説いています。

①ある事業に対してどのような知識が意味あるものなのかを定義することは極めて簡単である。

②しかし、「自社に特有の知識は何か」を明らかにすることは簡単ではない。

③知識は滅しやすく、常に再確認、再学習、再訓練しなければならない。

④あらゆる知識はやがて古い知識になり、陳腐化する。次に必要な知識を、常に問わなければならない。

⑤いかなる企業も多くの知識において、同時に卓越することはできない。市場で経済的な報酬を得るような真の知識を持つためには集中が必要となり、管理されなければならない。

19 知識（ノウハウ）分析の基本②　４つの基本的な問い

自社の知識（ノウハウ）を把握するための知識分析の最善の方法は、**自社が成功してきたものと失敗してきたものを調べる**ことです。具体的方法としては、自社の成功と失敗、他社の成功と失敗、上得意の顧客の声などから分析します。

具体的には次の**「４つの基本的な問い」**を行い、マーケティング分析に反映させていくと効果的です。

①　わが社は適切な知識を持っているか。その知識は事業として成果が上がる領域に集中しているか。市場にとって十分に特有であるか。

②　わが社の知識は効果的に使われているか。その知識を顧客が評価し、相応の価格に反映されているか。

③　わが社の知識は、自社の製品やサービスに十分反映されていて、活用してされてい

るか。

④ 知識の利用方法をいかに改善できるか。そこにおいて欠けている知識をいかにして手に入れるか。

以上、①業績をもたらす領域についての分析、②コストについての分析、③マーケティング分析、④知識分析という4つの分析を通して、**「自社の事業が何であり、何をしており、何をできるか」**が理解できると思います。現在行っていることの解釈よりも、当然行っているべきものが行われていない、何が欠けているかが見えることも重要です。

そして、次のような意思決定を行うことができるはずです。

① 製品やサービスのターゲットする顧客の満足、満たすべきニーズ、顧客への貢献は何かを決定する。

② 望ましい成果をだすための知識、事業の存続と繁栄のための卓越性の領域（得意とする分野）、必要とする人的資源が何かを決定する。

③ 際立った価値を提供できる顧客、市場、最終用途（使用方法）は何で、それらを満足させる流通チャネル（販路）をどう開拓するかを決定する。

④ 目標を具体化していく技術、プロセス、製品やサービスをどのように実現するかを決定する。

⑤ 成果をもたらすことができるあらゆる領域で、リーダーシップをどのように獲得するかを決定する。

以上の意思決定を通して、事業のあるべき姿としてのビジョン、あるべき姿への移行方法、そして事業戦略が見えてくるはずです。

第③章　[経営戦略の基本編]

勝つための戦略とイノベーション

Drucker
Business Strategy

20

自社の強みを基盤に

事業を分析し、現状を把握すると、置かれている状況が決して楽ではないことが明らかになります。

数えればきりがない問題を解決していくには、優先順位の高い課題に絞り込み、体系的な解決をするための計画が必要となります。

事業を成功させるためには、「限りある経営資源を、最大の機会に向け、最大の成果を生みだすこと」に集中することです。そのために経営戦略が必要となります。

経営戦略を立てるには、次の3つのアプローチを実行します。

① **市場で勝ち組となる「理想企業をターゲットとして設定」し、明日の進むべき方向（ビジョン）を明らかにします。**そのことによって、業績を上げる方向と基本的な目標、成果を評価する基準、時間軸（タイムスケジュール）を設定することができます。

②**理想企業の実現に向けて、「最大の成果を生む」ための領域を明確にします。同時に、廃棄すべき優先的領域も明確にします。**これらは両方重要で、相互補完関係にあります。限られた資源を最大限投入するためです。

③**最大の成果をもたらす機会に最も効果的な資源を投入し、集中化を図り、「資源の最大化」を図ります。**特に、第一級の人材を配置することが、最も大きな見返りを生むことになります。

この3つのアプローチはそれぞれの機能と目的を持っていますが、相互に補完的な関係にあります。これらのアプローチを総合して利用することが効果的です。

〈ターゲット（領域）を絞って、そこに資源を投下する〉

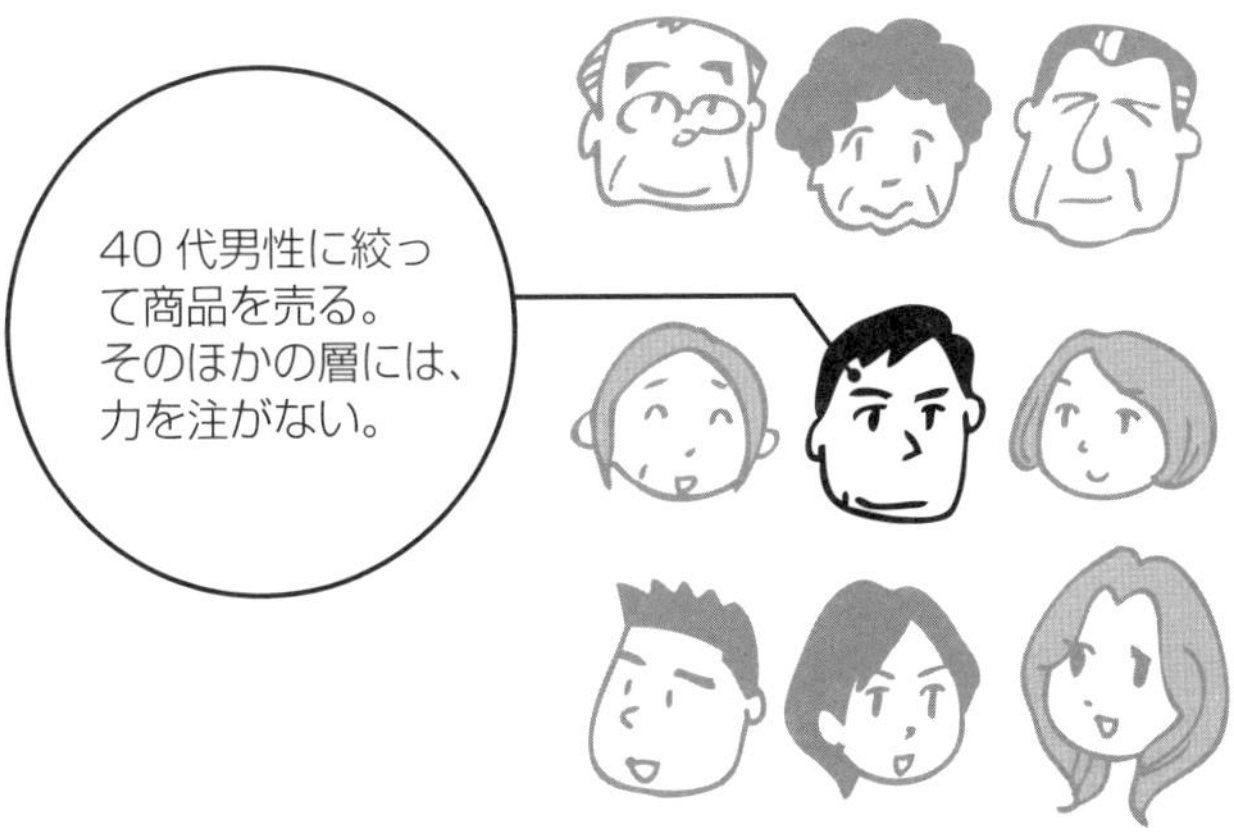
40代男性に絞って商品を売る。
そのほかの層には、力を注がない。

21 事業機会の発見

　自社の強みを事業機会に集中することが最大の成果を生む、と話してきましたが、「事業機会を見つける方法」も考えなければなりません。

　機会は自然にはやってきません。運に頼って事業はつくれません。自社に起こりうる危険や自社の弱みを明らかにし、問題を克服し、業界の常識を覆したとき、大きな成果が得られます。ドラッカーは事業機会を、次の3つの方法によって明らかにしています。

①事業を脆弱《ぜいじゃく》なものにし、成果を阻害し、業績を押さえている弱みは何か

　商品の生産に高コストが必要だったり、原材料や人件費の高騰など産業構造からくる弱み、携帯電話やパソコン、TVなどの安売り合戦になるような市場の消耗戦などが着眼点としてあげられます。

　これらは自社や業界の常識として諦められていることも多いですが、この常識を覆す商品開発やイノベーション（経営・技術革新）を起こすことができたら、事業機会となりえます。

②事業内でアンバランスになっているものは何か

事業は生き物で、常に止まっていることはありません。状況が変われば、活動のバランスも変わります。生産と営業のアンバランス（不適合）、資源・コスト・作業量と成果のアンバランスなど、数多くあります。そのアンバランスを上方にバランスさせると業績向上につながります。

その中でも、ドラッカーが重視するのが、規模のアンバランスです。事業規模と市場規模、成長性と投資すべき資源、営業部隊と生産能力などのアンバランスは、事業機会を逸してしまいます。

③事業にとって脅威と恐れられているものは何か

現実をいったん受け止めた上で、その脅威は本当に脅威なのか、逆にその脅威を役立てる方法はないか、発想を転換します。同業者が起こりえないと思っていることこそ大きな機会であり、徹底的に検討すべきテーマです。

アパレル業界で品質と生産方法で改革を起こし世界に進出しているユニクロや、若者をターゲットにして復活したホッピーやハイボールなども常識を覆す挑戦でした。環境は常に変化します。変化を起こすことこそ、利益を上げるための事業機会となりうるのです。

22 経営計画のための意思決定

最大の成果を上げるためには、経営計画をつくる必要があります。

現在の事業のための行動と将来の事業のための行動は次元が違っても、一貫していなければなりません。矛盾が生じても調整が必要であり、バランスが重要です。その調整やバランスをとるための基準となるのが経営計画なのです。

経営計画を立てる際にまず行うべきは、「事業の構想」です。**事業の構想とは、『わが社の事業は何か』を明確にすることであり、事業の目的を確立し、方向と目標を設定するもの」です。**

将来いかなる製品やプロセスが必要になるかを推測することではありません。新しい社会、新しい経済、新しい技術など、大きな視点から構想を描き、事業の中で実現しようと考えることです。

製品やプロセスは構想を実現するための道具です。ですから、製品を超えて構想しなければいけません。そして、その構想は、経済的な成果を得られる特定の領域に絞られるべきです。

事業の構想が有効となるためには、以下の3つの条件を満たす必要があります。

① **構想は市場や技術が変化しても陳腐化しないように、成長し変化していけるだけの大きさのものでなければならない。**狭すぎては変化できなく（06項のアメリカ鉄道会社の事業ドメインの例）、広すぎては（高齢者の役に立ちたい、ビジネスマンの転職支援をしたい、など）漠然としていて差別化できない。

② **卓越性を発揮できる知識（ノウハウ）とリーダーシップを獲得できる市場を特定できなければならない。**範囲が限定され、集中を強いるものでなければ、事業の方向づけができないからである。

③ **実行可能で、具体的な行動に結びつくものでなければならない。**

事業の構想を定義できなければ、やがてあるべき形を見失い、マネジメントすることが不可能になります。

事業の構想が有効かどうかを知るためには、事業の有効性を図る適切な評価基準を定めることが必要となります。

事業の構想の中で、重要な意思決定として「卓越性を明らかにすること」があります。卓越性は、卓越した知識（ノウハウ）のことで、差別化を生みだし、事業にリーダーシップを与え、利益を生みだす源泉につながります。

知識の源泉は人材になりますから、人材の採用、配置、教育と連動します。組織の価値観や人事に関わることになりますので、ある程度長期的に醸成していかなければなりません。

卓越性を明らかにすることによって、事業構想にその会社らしい軸（「その会社らしさ」）が生まれ、成長の方向性や変化に対する対応性を持たせることができます。しかし卓越性は、外部の環境変化や事業構造の変化に対応しては定期的に見直していく必要もあります。

さらに経営計画に重要なこととして、「優先順位の決定」があります。

自社の現状分析（第2章参照）を繰り返すと、やりたいこと、やったほうがいいことがつぎつぎでてきます。しかし、すべてをやろうとして中途半端になることが成果を生まない原因となります。

やるべきことを絞り込み、優先順位を決めましょう。優先順位を決定する基準を設定することが、企業の戦略と基本的な行動に影響を与えます。特に、「やったほうがいいこと」と「やってはいけないこと（劣後順位）」を明確に分けなければなりません。そして、**決定したことは断固としてやり抜くということが、その企業の強さを決めます。**

最後に、明日を築く土台となる構想は、リスクが伴います。従って、大きな責任と信念を必要とします。「その構想を信じている、計画を実現したい」という熱い思いを持っていなければ、必要な努力も持続するはずはないのです。

23

経営戦略に必要なこと① 機会とリスク

企業が業績を上げるための経営計画を策定するにあたっては、次のことを決定しなければなりません。

①追求するべき機会と受け入れるべきリスク
②事業の範囲と構造
③計画に適合した組織構造

それぞれ詳しく説明します。

新たな機会には必ずリスクが伴います。しかし、事業活動を行う基準は、いかなる機会を選択するかです。機会には3つの種類があります。

①**付加的機会**……事業の性格を変えない、既存の資源をさらに活用するための機会。用途開発や新市場の開拓など、既存事業の延長線で行う。居酒屋がランチ営業や弁当販売などを行うようなケース。リスクが小さい。

②**補完的機会**……事業構造を変えてしまうような機会。新しい知識の卓越性を獲得し、商品群を見直して、新しい事業へ進出する。個人経営の飲食店がFCチェーン展開をしたり、総菜販売店を新規出店したりするケース。既存事業との相乗効果も大きいが、リスクも伴う。

③**革新的機会**……事業の再定義を伴うような、基本的な性格と能力を変えるような機会。事業形態や業界まで変化する。飲食店が食材の商社を立ち上げたり、料理学校をつくったりするケース。多くの労力と大きなリスクを伴う。事業構想の実現に必要なことなのか、慎重に検討する必要がある。

リスクを避ける、または最小にすることは事業を行う上で義務となります。ただし、リスクの回避が目的ではありません。いかなる機会を追求できるかが事業を考える前提であって、リスクは、機会を判断する上での制約条件に過ぎません。

リスクには4つの種類があります。

①**負うべきリスク**……事業の本質に付随するリスクで、人材採用や設備投資など、避けることができないリスク。

②**負えるリスク**……機会の追求に失敗しても、カバーできるレベルのリスク。カフェの深夜営業や居酒屋のランチ営業など。

③**負えないリスク**……社運をかけた投資や未知の分野への進出など、自社の体力以上の規模の賭けに等しいリスク。

④**リスクを負わないことによるリスク**……WEB対策や価格下落対応、競合の新規出店など、状況の変化に対応できないリスク。

以上の機会とリスクは、個別に考えると難しくなります。しかし、次のような体系的に考えるための原理原則があります。

①リスクを小さくすることではなく、機会を大きくすることに焦点を合わせる。
②事業の構想を実現する助けとなってくれる機会とリスクを選択する。
③短期的な改善のための「やさしい機会」ばかりでなく、長期的な革新のために事業の性格を変えるような「難しい機会」とのバランスをとる。

大きなリターンを得ようと考えれば、必ず大きなリスクも伴います。しかし、新しいことを起こすというリスクを避けていると、必ず起こる変化の後ではるかに大きなリスクを負うことになります。

中小企業には特に慎重な対応が必要ですが、事業構想を実現するためには、短期的に負えるリスクと、長期的に負うべきリスクのバランスを考える必要があります。

24

経営戦略に必要なこと②　事業の範囲と構造

企業はあらゆる活動を、「一つの市場」もしくは「一つの知識（ノウハウ）」に力を集中することにより最大の成果を上げることができます。すなわち中核というべき領域を持ちます。同時に、急激に変化する市場と技術の中で、柔軟に対応できるように、事業領域を多角化しておかなければなりません。

そのバランスをうまくとるためには、**「基礎的な知識を集中化し、製品や市場を多角化」**する（オリンパスは光学技術や微細技術を集中化し、カメラや医療機器に展開している）。または、**「製品や市場を集中化し、知識において多角化」**する（docomoは携帯電話という商品に集中していますが、電話機能以外のカメラやメール、ＷＥＢ検索、音楽や買いものなどに必要なさまざまな技術を集約している）方法があります。

多角化や専門化の手段として、**統合**が使われることもあります。

①**川下統合**……事業の範囲を販売側に広げる多角化
町の魚屋さんが魚居酒屋を経営しているケース、地方の生産者がネット販売で直売しているケースなど。
②**川上統合**……事業の範囲を仕入れ側に広げる多角化
居酒屋チェーンが自前で有機野菜農園を経営しているケース、製造業が技術人材育成の学校を経営しているケースなど。

統合により、利益を上げる分野が広がる一方で、コストが固定化し、リスクも負うことになります。

多角化は自力で行うと、必要な知識やモノ（製造機械など）の獲得・処分などに時間がかかります。買収や合併、売却も事業成長のための手段です。これらの手段は有効な選択肢として、検討するべきです。

しかし「財務的な操作だけに頼り、中途半端なマネジメントしかしない事業は必ず失敗する」とドラッカーは明言しています。ですから、ほかの企業とパートナーシップを結ぶことも検討しましょう。中小企業の戦略では、できるだけ身軽に、早く動かなければなりませんので、有効な手段といえるのではないでしょうか。

25

経営戦略に必要なこと③　組織構造

アルフレッド・D・チャンドラーは「組織は戦略に従う」と述べています。

これは、**「間違った戦略に従って行動していては、予定通りの成果は生みださない」**ということです。しかし、**戦略が正しいものであっても、間違った組織構造では、正しい能力は発揮されません。**

さまざまな企業の組織構造を拝見しますが、戦略と組織構造がかみ合っていないケースが多く見られます。

特に、成長企業においては、常に状況が変化していますので、事業規模と組織構造、組織機能や役割、マネジメント能力のバランスをとることが著しく難しくなります。

戦略が変われば、組織構造も変えなければいけません。

経営計画策定にあたっては、戦略立案とセットで組織構造を設計していくべきです。

〈間違った戦略では成果がでない〉

〈戦略が正しくても組織構造が間違っていれば成果はでない〉

26

顧客を創造する機能

企業の目的である「顧客の創造」を実現する機能は、マーケティングとイノベーションです。

マーケティングは03項で説明したように、「顧客は何を買いたいか」、「顧客が求めている価値や満足は何か」を追求する活動です。

「顧客をいかに理解し、どのように応えていくか」について、ドラッカーの提唱するマーケティングの意味については、16項で説明しました。

マーケティングの基本をさらに理解するには、コトラーのSTP理論や4P、ポーターのポジショニング分析なども合わせて学んでおく必要があるでしょう。

マーケティングは顧客創造に不可欠な機能です。現状を分析して、過去の実績や経験から手を打っていきます。現実的で、リスクも少ない方法です。

しかし、現在の顧客への対応だけに集中していては、いつかは賞味期限が過ぎ、将来の顧客を生みだすことができなくなります。

そこで、イノベーションも考えます。

イノベーションは、新しい顧客を生みだすことが目的です。マーケティングが連続的発展、量的拡大を担うのに対し、イノベーションは非連続的発展（創造的破壊）、質的転換を目指すものです。古くはＳＯＮＹのウォークマンやレンタルビデオというサービス、最近ではＡｐｐｌｅのｉＰｏｎｅやｉＰａｄ、ｉＴｕｎｅｓの仕組みなどが典型的なイノベーションの例です。

この２つの機能を両輪としてマネジメントを行うことによって、企業の継続的かつ長期的顧客創造を可能にします。

27

イノベーションの定義と原理

イノベーションとは、「人的資源や物的資源に対し、より大きな富を生みだす新しい能力をもたらすこと」です。

イノベーションは発明や新技術だけではありません。新しい仕組みや新しい用途、新しい業務プロセスなども含まれます。ただし、企業内の自己満足ではなく、新しい経済的成果（売上、利益、生産性など）を生むものを対象とします。

イノベーションは、次の３つの種類に大別しています。

①卓越した製品やサービスを開発する、製品のイノベーション
②消費者の行動や価値観を変えるような、社会的イノベーション
③業務プロセスや活動面の革新による、制度的イノベーション

イノベーションを行うには、変化に着目します。ドラッカーは、「未来は誰にもわからない」といっています。未来を予想するのではなく、「現在すでに起こっている変化」を機会にして、活用するのです。

我々は常に変化の先頭に立たなければなりません。しかし、すでに起こっている変化が未来につながるかどうか、運に任せるわけにはいきません。そこでイノベーションを成功させるには何をすればいいかを整理します。

◎なすべきこと

①イノベーションの7つの機会（次項参照）を徹底的に分析する。

②イノベーションは理論的な分析とともに、知覚的な認識も必要とする。つまり右脳と左脳の両方を使って考える。現場にでて、好奇心を持って自分の目で感じとらなければならない。

③単純かつ具体的なものに的を絞る。単純なものが顧客に受け入れられ、成功する。

④失敗や修正に変更がきくように、小さくスタートする。

⑤最初からその分野のトップの地位を狙う。さもなければ後発のものに市場におけるリーダーシップを奪われる。

◎なすべきでないこと

①利口であろうとするイノベーションは失敗する。普通の人間が利用できるものでな

ければならない。高度な頭脳を持っていないと利用できないものを生みだしてはいけない。

②安易な多角化、散漫になることはいけない。会社の強みを発揮することに絞らなくてはならない。

③明日のためにイノベーションを行ってはいけない。未来は予想できない。現在のためにイノベーションを行わなければならない。

◎イノベーションを成功させるための3つの条件

①イノベーションは、偶発的なアイディアや発明に頼ってはいけない。持続的かつ意識的な仕事としてとり組まなければならない。

②イノベーションは、自社の強みを基盤としなければならない。

③イノベーションは、市場を震源として経済や社会を変えるものでなければならない。

単純なことですが、まさに企業が新しい価値を生みだしていくためには、乗り越えなければならないテーマとなります。

28

イノベーションを生みだす7つの機会

ドラッカーは、イノベーションにつながる「現在すでに起こっている変化」を調べる方法をまとめています。それが**「7つの機会」**です。

最初の4つは、企業や業界の内部の事象です。後半の3つは企業や産業の外部における事象です。それぞれ異なる性格を持ち、異なる分析を必要としますが、互いに重複する特徴もあります。

7つの順番にも意味があります。信頼性と確実性が大きく、実現までのリードタイムが短い順に並べてあります。

大発明や新発見などを期待してはいけません。日常の予期せぬ成功や不測のものについての分析の方が、確実性が高く、リスクが小さいのです。

日常の変化に源泉を求めるのが、ドラッカーのイノベーションの特徴といえます。

中小企業は①～③をまず考えてみましょう。

①予期せぬ成功・失敗を探す

予期せぬ失敗は再発防止のためにも原因を明らかにしておく必要があります。予期せぬ成功は、ほとんどの場合無視されます。なぜなら、自らを否定することにつながるからです。しかし、その背景（原因）には新しいニーズの出現やニーズの変化があるはずです。新しい機会として追求することを考えなければなりません。

②あるべきものと現実とのギャップ、不一致を探す

次の4つが代表的なものです。
業績ギャップ……需要と業績の伸びが合っていない場合の背景
認識ギャップ……常識と思える努力（手段）が成果に結びつかない場合の原因
価値観ギャップ……提供者と顧客間の常識のずれ、提供者の思い込み
プロセスギャップ……日常の仕事やその手順の中にある不便さや問題
このギャップの解消がイノベーションにつながります。

③解決策が明らかになっていないニーズ（必要性）を探す

業務プロセスの弱みや欠落を補う業務改革です。労働力確保のニーズを産業ロボットで

解決する、などが例としてあげられます。

④産業や市場の構造変化に着目し、チャンスを探す

このケースからのイノベーションは、変化のスピードが加速度的な現代において、日常で見受けられます。ＩＴ業界の覇権争い、自動車業界のディファクトスタンダード（標準規格として市場に受け入れられる）争い、製造業とサービス業の境界線の変化など、既得権者が変化に乗り遅れたり、外部からの侵入者が業界を破壊したり、同じニーズに対し違う業界で奪い合ったりと激しさが増しています。

⑤高齢化・少子化など人口構造に着目し、将来的な機会を探す

人口構造の変化は、すでに起こっている未来ということができます。ただし、変化が緩やかな流れのため、どの時点で変化として捉えるか、いつ人口の重心が移動するか、それによっていつ時代の空気が変化するか、を読みとるのが難しいです。

⑥社会や世間の常識や価値観の変化を探す

コップに入っている水を「半分入っている」と捉えるか「半分空である」と捉えるか

は、実体ではなく認識の問題であるとドラッカーはいっています。社会の変化はゆっくり流れているようで、あるときから急激に広がる価値観もあります。我々のライフスタイルも、ある一定期間で著しく変化します。難しいのはどのタイミングを捉えるかということと、その変化が永続的なものか、一時的なものか見極めなければならないことです。賭けをすることは避けなければなりませんので、身近なところから小さく素早く着手することが重要です。

⑦ 発明や発見など、新しい知識の出現による変化、結合や組み合わせなどの新しい技術やノウハウを探す

イノベーションというと、発見や発明による新しい知識を活用するイメージが強いと思いますが、ドラッカーは信頼性や実現性の面で、最も低く評価しています。実現までのリードタイムが最も長く、成功確率が低く、リスクを大きく伴うからです。

29

小さな企業が実践すべき経営戦略

戦略という言葉は、あらゆる場面で使われ、言葉の意味が都合よく解釈されるところがあります。

ドラッカーがいう、「我々の事業は何か、何になるか、何であるべきか」という問いへの答えが戦略です。その表現の範囲が広いので、わかりやすい意味として、「成果をだすための戦い方」とここでは定義します。

戦術が具体的な方法を意味するのに対し、戦略はその上位概念で、ゴールまでの方向性や道筋を示すものです。

戦略は**「選択」「集中」「差別化」**という3つの言葉で説明できます。**やるべきことを網羅するのではなく方向性を選択し、限られた資源を集中させ、他社と差別化して無用な競争を避ける**ことです。何かを選ぶということは、何かをやめるという選択も必要です。

小さな企業が競争に勝つためには、強い相手と戦わないことです。そして、少なくても部分的にでも有利な領域に活路を見いだすべきです。

大手、NO1企業であれば、ミート戦略といい、相手の出方に合わせてつぶしていくという戦い方もあります。しかし、弱者としての小さな企業は「選択」「集中」「差別化」を守って、賢い戦い方をしなければなりません。

戦略の間違いは、戦術や戦闘ではとり戻せません。ドラッカーは戦略を4つの類型に分類し、説明しています。皆様の会社でも、今後実践したい戦略が見つかるのではないでしょうか。

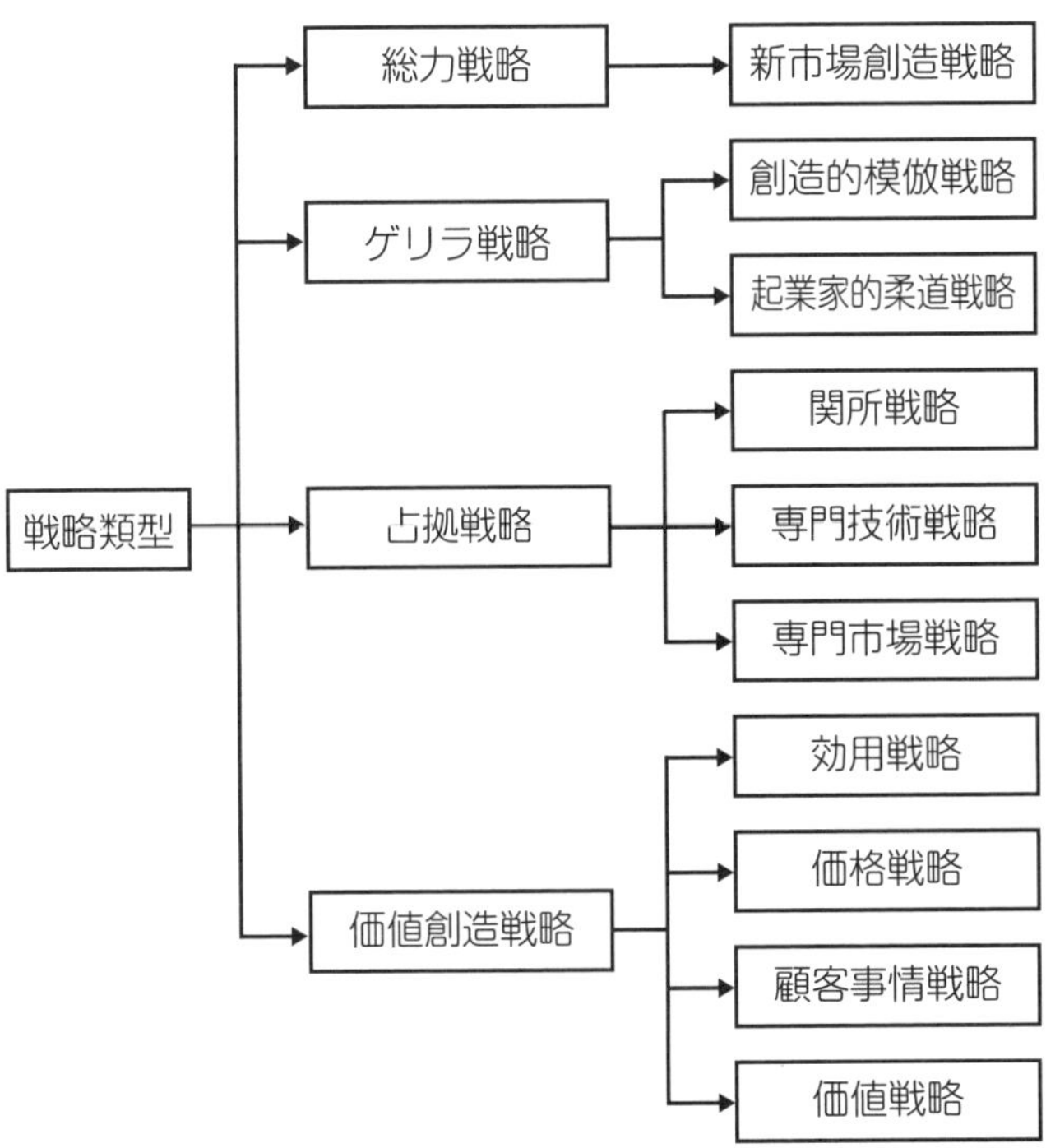

30 業界のトップを狙う「総力戦略」

新たに生まれる市場や産業で、トップ企業を目指すための戦略です。

企業の持つすべての経営資源を投入して、市場で支配的な地位を築きます。新たな機会で中小企業が様子を見ながら順次参入したのでは、シェアをとれません。リスクを冒してでもチャンスをものにする決断がときには必要です。

集中戦略をとり続けて、ポジショニングを確かなものにしなければなりません。そのためには、中心事業以外の分野の体系的廃棄も必要となります。

投下する資源が大きいため、修正や調整がしづらく、リスクが最も大きい戦略です。

大成功し注目されてきた企業は、経営危機のときの背水の陣作戦のような伝説が残りますが、その陰で多くの企業が失敗に終わっていることを知らなければなりません。

ドラッカーはよほどの機会に恵まれない限り、ほかの戦略を使うべきと説明しています。

小さな企業には積極的にお勧めできない戦略です。

点を取るためにゴールキーパーまで、コーナーキックに参戦。
自陣のゴールはがら空き。
正にリスクが大きい戦略。

31
リーダー企業の弱みにつけ込む「ゲリラ戦略」

市場におけるリーダー企業の商品サービスに、自社らしい強みを利用した付加価値を加えて、市場に食い込む戦略を「創造的模倣戦略」と呼びます。

顧客の視点で製品やサービスを見直し、市場での新しい位置づけを探します。先発企業のつくりだした市場に食い込むので、商品開発コストを負担しなくてよく、「総力による攻撃戦略」よりもリスクは小さいという特徴があります。

かつての日本の産業はアメリカの産業の模倣戦略で追従していきました。アジアでは、韓国が、そして中国が日本の製品を追従しています。

国内でいうと、パナソニックはかつて後発の家電メーカーでしたが、開発力と販売力でシェアを奪っていきました。ほかにも、宅急便（ヤマト運輸）を佐川急便が、アスクルをカウネットが追従しています。

またリーダー企業が気づいていなかったり、対象にしていない隙間に入り込み、市場を

確保する戦略を「起業家的柔道戦略」と呼びます。

これも徹底した顧客視点で、業界常識に挑戦します。大手企業の慢心した対応に隙が見つかったり、大手のパッケージ商品に対する中小の柔軟なサービスが顧客の懐に入り込むケースがあります。また後発企業の方が市場をよく見ることができるという優位性もあります。

小さな企業ならではの、柔軟性やきめ細かさ、対応力を発揮し、シェアを奪うために活用したい戦略です。

人材採用ビジネスの分野ではリクルートが圧倒的なシェアでしたが、パッケージ商品しか提供しなくなり、今はさまざまな企業が専門特化やきめ細かなサービスでお客様の支持を得ています。

●小さな店舗が実践する起業家的柔道戦略「俺のフレンチ」

開店16時前に1時間以上の行列のできる、飲食業界の常識を覆す経営を行っているフランス料理店「俺のフレンチ」。

2012年現在、東京銀座、神楽坂、恵比寿に店舗があります。中古本の販売チェーン、ブックオフコーポレーション元社長の坂本孝氏が2009年に立ち上げた、バリュークリエイトという会社が経営しています。

このお店ではお客様回転数を最重視します。フランス料理店はふつう座席数に対し1回転分しかお客様を入れません。それがこのお店では、4回転以上を目指します。座席のメインが立ち飲み形式なのです。

「フレンチで立ち飲み?」不思議な感じでしょうが、その代わり、「料理だけは最高のものをだす。食材原価はジャブジャブ使え」というのがお店の方針です。一般のフランス料理店の食材原価率は25%以下を目指すのが常識です。しかしこのお店では、45%以上でも許されます。一流レストランの経験を持つシェフの本格的フランス料理が、一般フランス料理店の1／3以下の値段、1000円前後で食べられるのです。

実際私自身、お店には何度も足を運んでいます。立ち飲みスタイルなので落ち着いた雰囲気ではありませんが、料理は本格的で最高です。並んでも食べたくなります。「利益率を倍にしてでも回転率を4倍以上に上げる」、いわゆる高回転型ビジネスモデルで差別化しているのです。

私は飲食業コンサルティングも手掛けますが、この新しいビジネスモデルには驚きを感じました。このような発想の転換が勉強になります（私自身が飲食業の常識の範囲内で思考していました）。飲食業界の常識にとらわれない、儲かる仕組みを持ち込んでルールブレイクしている、企業家柔道戦略の好事例と考えます。

32 ニッチの領域にフォーカスした3つの「占拠戦略」

これまでの2つが大きな市場や業界のトップのシェアを確保していくことを目指すのに対し、ニッチ戦略は目標を限定し、限られた領域で実質的な独占を目指します。できるだけ目立たず、競争しない存在になることが理想的です。

「関所戦略」は、あるプロセスに必要不可欠な部品やサービスのシェアを高めていく戦略です。

市場が小さく目立たない、もしくは儲かるような感じがしない、魅力的に見えないなどの点が要件となります。機能・品質が求められ、コスト競争にはなりづらいのが特徴です。

ＩＴ業界では、まだ儲からない時期から参入した、グーグルやフェイスブックなどのポータルサイトが関所としての覇権争いの代表といえるでしょう。

「専門技術戦略」は、自社の独自技術、特殊技術を活用して、その領域の技術市場を押

さえてしまう戦略です。

経験曲線（蓄積された経験やノウハウ）が参入障壁となり、後発で参入することが難しい分野を利用します。そして、その領域の技術の基準になることを目標とします。ただし、技術が進化し、技術標準が変わると、ステージが変わり、市場の危機を迎えます。

インテルの半導体の技術開発のスピードにはどの会社もついていけない独占性を持ちます。日本では、世界一の手術針のメーカー、マニー株式会社も技術特化した専門技術の会社といえるでしょう。

「専門市場戦略」は、特定市場における経験や実績をもとに、その特化した専門市場におけるシェアだけを押さえてしまう戦略です。

特別なお客さまだけに密着して商売やっている小さな企業がノウハウを活かして新たな事業を行うこともできます。そこに投入する商品は問いません。しかし、その専門市場が大衆化すると、うまみが消えます。

ベビー用品だけに特化して成長した赤ちゃん本舗などがこれをとり入れている企業といえます。地域密着で総合不動産を行っている会社も賃貸、仲介、新築、リフォーム、保険など多様なニーズに応えることで、商売の機会を複数つくっているようなケースもあります。

●世界一品質を追求する専門技術戦略「マニー」

栃木県JR宇都宮駅から車で15分ほどのところに、医療器具製造のマニー株式会社本社工場があります。この会社は、18期連続増収、売上高営業利益率が35%を超えるずば抜けた高収益企業です（2012年8月末）。

値下げ競争とは無縁、安さではなく、顧客の声を徹底的に製品に落とし込み、その価値が認められ、世界120か国に販路を持ち、世界1の商品を数多く輩出しています。

マニーはもともと手術用縫合針の専業メーカーでした。その独自の総合微細加工技術に新素材と先端技術を加えて、手術用縫合針の日本生産量90%以上、歯科用リーマ・ファイルでは世界市場40%以上のシェアを占めています。この会社が最もこだわるのは「世界一品質」。HP社長あいさつに、明確に宣言しています。

左記の「やらないこと」を守り、長期的な安定を目指します。

（1）医療機器以外扱わない

(2) 世界一の品質以外は目指さない
(3) 製品寿命の短い製品は扱わない
(4) ニッチ市場以外に参入しない

そのこだわりは半年に一度社内で開かれる「世界一か否か会議」にも表れています。いったい何をもって世界一か、具体的な数値の裏づけ、基準を確認、改善を考える会議です。世界の医療器具メーカーでは後発の中小企業であったマニーが、世界トップシェアを獲得してきた過程には、そのこだわりの証明があったからです。

医療器具の現場の高い要求水準に長年応え続け、固有技術を磨き、さらには生産機械も自社開発を行い、追求してきたことが、世界一品質を誇る高収益企業を実現させたのでしょう。手術用縫合針という狭い領域を中心に「専門技術戦略」を貫き、世界シェアを拡大してきたマニーは、2012年東証一部上場を果たしています。

●新しい売り方をつくりだした専門市場戦略「オフィスグリコ」

様々な流通チャネルで販売されている菓子類の市場規模は、2兆円強です。人口が増えていない日本国内では、すでに市場は減少をはじめています。

そのような中で、10年前に登場し、年々売り上げを伸ばしている商品群があります。江崎グリコが事務所用菓子として展開する「オフィスグリコ」です。

2002年の本格サービスを開始。

事務所に菓子ボックスを設置し、巡回スタッフが商品補充と代金回収を行うサービス。「消費者接点を多様化する」という新市場開拓のプロジェクト発足において、事務所内でもお菓子が約19%消費されているという点に着目し、リフレッシュボックス(置き菓子)という仕組みを開発します。

「神聖な職場でお菓子を?」という強い抵抗感に対し、「職場のリラックスタイム」「リフレッシュメントや栄養補給」などの説得で、市場開拓をしてきました。

その後さまざまな仕組みの改良や他社商品まで届けるラインナップの豊富さで発展を続け、非常時の常備食という新しい事業使命も加わり、地域展開を行っています。今や男性の利用が女性を上回っているということがサービスの定着を物語っていると思います。新しいお菓子市場として拡がっているのです。

農業生産地区にある「路上の野菜売り」をヒントにしたという「置き菓子」の仕組み。「富山の薬売り」に「ヤクルトの訪問販売」を加えたようなビジネスモデルは、お菓子を事務所内で個人向け販売する「専門市場戦略」として、新しい独占市場をつくりだしています。

33 マーケティングとイノベーションを融合させる4つの「価値創造戦略」

マーケティング視点を起点に、昔からある製品やサービスを新しい何かに変えます。物理的には変化しなくても、効用や価値、経済的な特性を変化させる戦略です。小さな企業でも工夫次第ではとり込める戦略です。

「効用戦略」は、商品の意味自体を変える戦略です。

顧客にとっての真の効用は何かを追求します。顧客の不便や不満を解消し、新しい便利さを生みだします。商品の意味が変われば、新しい顧客も生みだせます。

歴史ある郵便制度の民営化による多様なサービスのとり込み、宅急便のさまざまな利便性ある商品の開発（日用品や食料の販売など）、切符の代わりだったスイカやパスモ（首都圏の鉄道で使える電子マネーカード）の多様な利便性（コンビニや自販機での支払い）もその例です。

「価格戦略」は、商品の価格の意味を変えてしまう戦略です。

購入方法や買いやすさを変えてしまい、商品の意味や購入目的まで変えてしまいます。商品を持つことから借りること、共同で使うこと、消耗品として販売することなどの発想の転換をビジネスモデルにします。

ジレットによるひげそり購入から替刃購入への価格破壊、レコードやビデオレンタルなどの課金システムによる購入からレンタルへの意識変革、携帯電話の分割代金回収システムによる買い替えやすさなどがその例です。

「顧客事情戦略」は、顧客の買いやすさや事情に合わせて事業機会を広げる戦略です。

顧客の過去からの経済的事情、社会的障害など相手の状況に応じて、販売の仕組みを編みだします。

スーパーの老人向けの生活用品宅配サービスや信販・リース・農協などの分割販売方法や収穫時集金システムなどがその例です。

「価値戦略」は、顧客にとっての真の価値を追求する戦略です。

「顧客が買っているものは何か」顧客視点に立ち、モノの販売ではなく、購買目的や課題解決にフォーカスします。事業領域や業界の区分、市場における戦い方そのものを変化させます。

　採用成功を販売する採用代行コンサルティング、スターバックスコーヒーの快適な場の提供を販売、痩せることだけをテーマにしたスポーツクラブ、保険の購買代行などがその例です。

●小さな企業が実践する顧客事情戦略「でんかのヤマグチ」

ヤマダ電機、ヨドバシカメラなどの家電量販店など大手家電量販店がひしめく東京都町田市で、徹底した顧客密着で地元のお客様に愛される町の電器店があります。お客様のお宅に伺う昔ながらの訪問販売を続ける「でんかのヤマグチ」です。

でんかのヤマグチは駅からバスで15分、1店舗しかないお店の面積は狭く、品ぞろえはパナソニック製の家電が中心。しかも価格は量販店より2割程度高く設定しています。しかし値引きをしないその売り上げは、毎月1億円あるそうです。高収益店舗といえる売り方の秘密はどこにあるのでしょうか。

実際に売り上げをつくるのは22名もいる従業員の訪問販売が中心。昔の電気屋さん（酒屋さん、お米屋さんなど）によくあった御用聞きによる販売です。

ヤマグチで名づけられた「裏サービス」という、無料の何でもサービスが実にすごいのです。「5年間の完全補償」、「即日修理訪問」、「電球交換」、家電に関係ないことも、「DVDの予約をしてほしい」「自宅を留守にするとき花の水やりを頼む」「家具を動かす手伝い」など。会社の活動方針に、「お客様のわがままをすべて聞くこと」「お客様のかゆいところに手が届くこと」とも書いてあります。

このヤマグチもかつては価格競争に苦しむ町の家電販売店でした。大手量販店の進出に、安売りでは勝てるはずがないと考えた山口社長が、大手ではできない、真心を込めた究極のサービスで、地元の年配者を中心に信頼関係を築き、価格が高くても購入するお客様を掴んでいったのです。

目先の営業効率性よりも長い関係性に根づいた商売を考える。高齢者のさまざまな事情に対応する「顧客事情戦略」を盛り込んだ、小さなお店が大手に負けない経営事例です。

●小さな企業が実践する価値戦略「都田建設」①

「1本の映画のような家づくり。感動の家づくりを実現している会社。」

都田建設は、静岡県浜松市に年間100棟を完工する従業員45名の建設会社です。

その会社が大切にしている思いは、

○未来からの生活価値提案
○顔の見える家づくり
○つながりを大切にする家づくり

です。

ご家族が家を建てる目的は単に家がほしいのではなく、楽しい家づくりと完成してからの人生を楽しめる幸せな生活にあります。一般の建設会社が建物を売っているのに対し、都田建設にはぶれない思いがあります。

それは、「ただモノを売るということではなく、家づくりからはじまる感動のある時間を演出し、完成してからが本当のおつき合いのはじまり。ご家族とのつながりを最優先で大切にする」ということです。

従って、建売り・分譲はやりません。自由設計の注文住宅にこだわっています。従業員に営業は一人もいません。クチコミ、紹介で3カ月先まで着工は順番待ちです。モノではなく、価値観や感動を提供していくので、値引きの仕事、相見積もりの仕事はしません。そのような要求は自分たちの実力不足、お客様への価値の伝え方不足と考えます。

そんな都田建設の体質を支えているこだわりが以下の通りです。

○ 契約前のお客様よりも、お引き渡し後のお客様を最優先に対応する。
○ おもてなしの姿勢とホスピタリティを大切にする。
○ 社員の採用、人間教育、価値観の共有には妥協がない。

○社員が誇れる会社となる努力を続ける。

私は都田建設に伺ったときの従業員全員の温まる対応に感動して、1日で大ファンになりました。

「モノ売りで終わることなく、生涯のおつき合いを続ける」

感動という見えないものを売っていく従業員の姿勢。従業員同士で価値観の共有をとことん行っています。従業員全員がこの哲学を貫いていこうという、真摯な姿勢を強く感じました。

まさに、「ドラッカーの価値戦略」を実践する会社でした。

第④章　[組織設計編]

会社に適した構造をつくる

Drucker
Business Strategy

34

組織設計の原理原則

組織構造は、戦略で最大の成果を上げるために必要な基本機能です。ドラッカーは、「組織設計の原則」と「設計した組織の不健全な症状」は明確にできると述べています。

過去の研究から、中小企業には「職能別組織」が、多様な商品を抱える大企業には「分権組織」が最高の組織構造とされてきました（36項参照）。しかし、最近ではより複雑な構造が求められています。

組織を理解するにあたり、組織の基本といえる「組織構設計の原則」と「組織構造の必要条件」を説明します。

◎組織設計の原則

①組織構造は一人で勝手に進化していくものではない。最初の基本設計が重要である。

②しかし基本設計の前に組織に必要な活動の分析、すなわち組織の基本単位（35項参照）、基幹（中心的）活動を明らかにしてからはじめるべきである。

③ 組織は組織の目的を達成するためにつくられる。組織の目的とは戦略を実現することである。組織は戦略に従う。戦略が組織の基本活動を決める。

④ 組織構造はまず課題中心で設計する。次に人間中心で仕事を割り当てる。

⑤ 唯一絶対の組織構造は存在しない。組織の成果と人の仕事ぶりこそが組織構造の目的であり、その組織の良否の判定基準となる。

◎組織構造の必要条件

① 明快さ

単純に見えて明快でないものがあり、複雑に見えて明快なものもある。

② 経済性

組織を動かすために必要な時間は少なければ少ないほどいい。

③ 方向づけの容易さ

努力は目的ではない。人の関心を努力ではなく成果に向けさせること。成果や業績によって評価される者の数を増やさなければならない。

④ 理解の容易さ

自らの仕事、組織全体の仕事が容易に理解できるようになっている。

⑤意思決定の容易さ
正しい問題に対して正しいレベルで意思決定が行われ、成果に結びついている。
⑥安定性と適応性
安心と安定があり、かつ変化に対して適応性が高い。
⑦永続性と新陳代謝
組織構造は継続学習を促進し、明日のリーダーを内部から輩出できる仕組みでなければならない。


前記の条件はすべて適用されなければなりませんが、常に完全に満足させることは不可能です。しかし、かなりの程度満足させなければ成果を上げられなくなります。

つまり**完璧な組織は存在しませんが、問題を最小限にする組織をつくることが重要なのです。**

組織構造の基本をおろそかにすると、以下のような症状が現れます。
①管理職の階層が増加すること。
②組織の構造上に関わる問題が頻繁に発生すること。

③要となる人間が成果や戦略についてではなく、組織論理や手続きなどの重要でない問題、的外れの問題に関心が向いていること。
④会議を頻繁に開かざるをえないこと。
⑤人の感情や好き嫌いに気を遣うようになること。
⑥調整役や補佐役など、実際の仕事をしない人たちを必要とするようになること。
⑦組織中が組織構造を気にしている。常にどこかで組織改革を行っていること。

これらのようなことが起きていたら、組織活動は不健全な状態に陥っている可能性があります。

気になる点がないかチェックしてみましょう。

35

組織の基本単位の分析

組織設計の原則にあるように、「どのような組織構造にすべきか」より、「どのような組織が必要か」を先に明らかにしなければなりません。つまり組織に必要な活動の分析を行ってから組織設計を行うのです。

組織の基本単位の設計を行うには、次の4つの視点からの検討が必要です。

◎組織の基本設計の前に明らかにしなければならない4つの問題

①どういう活動、どういうチームを組織の基本単位とするか。

②どの活動とどの活動を一緒にするか。どの活動とどの活動を分離するか。

③いかなる大きさ（組織規模）と形（組織形態）にするか。

④それぞれの組織の間にいかなる位置づけを行い、いかなる関係を持たせるか。

組織の基本単位が最適なものかを判断するには、成果を上げるために必要なすべての活動を分析することです。しかし求められる成果は、上位の中心的（基幹）活動が大部分を占めています。従って、組織の基幹活動の分析を軸に次の4つの分析を行います。

① 基幹活動分析

以下の3つの質問によって、組織の基幹活動を明らかにします。

（1）いかなる分野で差別化を図る卓越性が必要か。
（2）いかなる分野に最大の弱点があるのか、致命的な損害を被るか。
（3）わが社にとって顧客に認められるべき本当に重要な価値は何か。

組織の目標の達成と戦略の成功に欠くことのできない基幹活動こそ、分析の中心に置かなければなりません。もし戦略を変えたなら、必ず組織構造を分析し直さなければなりません。

② 貢献分析

組織内の活動は組織全体への貢献によって位置づけられます。そこで組織が、果たすべき活動を4つに分類します。

（1）成果活動（事業の成果と認められる、測定可能な直接的に成果を生む活動。営業・販売や製造、資金調達や求人活動、資源調達や物流など）

（2）支援活動（自らは成果を生まず、成果を生みだすことを間接的に支える活動。スタッフ活動、ビジョン浸透などの良識活動、管理部門が行う渉外活動など）

（3）家事活動（直接成果に貢献しない、健康管理、保険、福利厚生などの活動）

（4）トップ活動（経営者の仕事：詳細は第7章）

③ 決定分析

組織における仕事の位置づけを定めるために、意思決定の権限や責任を明確にします。意思決定の権限や責任は、意思決定そのものの時間の長さ、影響する組織範囲、意思決定の頻度などによって、分類されます。金額の大きさだけの分類は無意味です。

意思決定は可能な限り行動（現場）に近いところで行うべきですが、同時に活動全体を見通せる高いレベルで行うことも重要です。両方を満たす必要があるのが「意思決定の原則」です。そのことによってここの活動の権限を組織のどこに位置づけるかが明らかになります。

社長がすべての決定に口をだしたり、現場に責任だけ押しつけ権限を与えないのは論外です。

④ 関係分析

組織構造の設計の最終段階は、活動相互間の関係を分析することです。「誰と協力して働くか、誰に対して貢献するか、どんな貢献を受けるかなど」を明らかにします。上司と部下との「縦の関係」や関連部門との「横の関係」などがあります。これにより、組織単位の位置づけや人事上の配置などを決定することができます。

ただし、活動間の関係は重要な意味のあるものだけで、最小限に絞られているべきです。そうしないと、組織上の機能分化の意味が薄れ、役割分担、責任の所在があいまいになるからです。

36

6つの組織構造

どのような組織が必要かを分析した上で、どのような組織構造にするかを検討します。組織構造は、成果を生むための活動がしやすいように可能な限り単純に組み立てます。小さな企業では特にシンプルでわかりやすいほうがいいでしょう。

ただし、**仕事の進め方は、日々変化しています。それに応じて、組織の形態も進化させなければなりません。**

そこで組織構造の基本モデルを一通り理解する必要があります。ドラッカーは、6つの組織構造をモデルとして説明しています。

139ページの別表のように組織構造のモデルは、仕事中心の職能別組織とチーム型組織、成果中心の分権組織と疑似分権組織、関係中心のシステム型組織、責任中心の責任型組織に分類されます。

しかし、どの組織構造を適用したとしても完璧ではありません。適用が簡単で、問題を起こさない組織構造などないのです。組織構造は道具であり、適切に使うか使わないかだけです。

常に念頭に置くべきことは、組織構造が目的達成のための手段であるということです。組織の健全さを判定する基準は、期待された成果が生みだされるかどうかです。

①職能別組織

古くから存在する伝統的な組織形態で、仕事を段階別、技能別に組織化したものです。官僚制が代表的で、縦割り組織になります。組織内における個人のポジションや課題が理解しやすく、非常に効率的で経済性が高くなります。

中小企業では典型的となる組織構造ですが、組織の複雑な大企業になると硬直的で、適応性に欠ける短所もあります。

②チーム型組織

特定の仕事が先にあり、異なる技能、知識、背景を持つ人たちが、ミッションを果たすために協力し合って働く組織です。自分の責任が何であるかを知っていて、状況の変化にも容易に適応できます。リーダーはいますが上司部下の関係としては薄く、明快さや安定性に乏しいです。

短期間の組織編成や、職能別の補完的役割で用いられます。プロジェクトチームやタスクフォースなどと呼ばれて活用されています。

③ 分権組織

職能別組織が大きくなった場合、機能不全に陥る場合があるので、いくつか自立した部門に分割し、権限を与えた形態です。成果に責任を持ち、高度に安定しながら適応力も十分あります。

規模の大きい企業では事業部制やカンパニー制などとして、多く活用されています。事業責任者として次世代リーダーを育てる仕組みにもなります。分権組織といえども、各事業部門の内部は職能別組織によって組織されます。

④ 疑似分権組織

規模の大きな企業が、明確に事業単位で分割することができない場合、疑似事業体をつくります。そこに可能な限りの自治権を与え、独自のマネジメントを持たせ、運営させます。疑似事業体同士が社内ルールで取引を行い、損益管理を行ったりします。分権組織の持つメリットは得られますが、部分最適に陥る危険性があり、明快さや経済性には問題があります。

⑤システム型組織

チーム型組織を発展させたもので、多種多様な組織と個人で構成され、高度な課題に対応するために組織されます。形態は定まっていませんが、すべてが共通の目標に向かって、自分の論理とスタイルで仕事を行い、多様な文化と価値観を統合して行動します。極めて柔軟に富み、新しいアイディアを受け入れる能力も高いという特徴があります。ただし、明快性、安定性、経済性、さらには成果に向けたマネジメントを行うことが困難といえます。

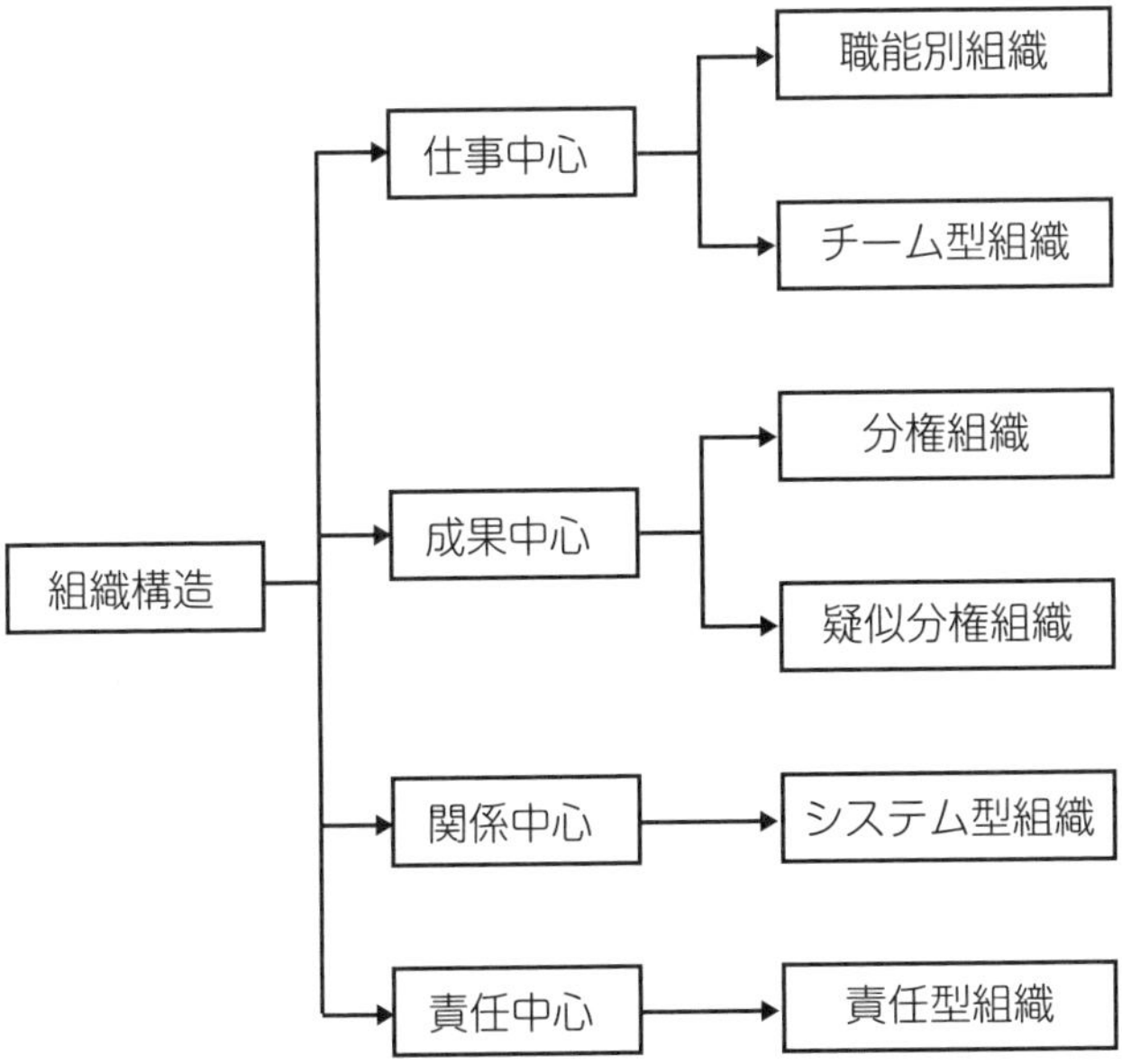

アメリカNASAやグローバル企業、日本の系列グループなど複雑な組織が例としてあげられます。

⑥ 責任型組織

知識労働のための組織は、高い専門知識や専門技術を持つ人間が、自らの目標を組織の目標に合わせて、自分の貢献を考える責任を持ちます。こうした組織には、上司部下は存在せず、すべてが同僚の関係になります。管理命令することは不可能で、それぞれが責任ある意思決定者として行動します。

ドラッカーはオーケストラの指揮者と演奏家の関係を例にあげています。

●専門家で構成された責任型組織「Harness LLP」

さまざまな分野で活躍する専門家たちが、自分たちとつながりのある中堅・中小企業の経営支援やM＆Aサポートを総合的に行うことを目的に、2006年Harness LLP（有限責任事業組合）は東京都渋谷区に設立されました。

現在活動しているのは、経営企画、営業、マーケティング、財務、人事、M＆Aなどの専門家。皆、大手企業でさまざまな経験をした後に独立し、自分自身の法人も持っています。

Harnessは依頼される案件ごとにプロジェクトが生まれ、チームで仕事をします。組合という組織形態をとっていますので、理事長を中心に経営委員会を通じて経営判断を行っています。上司、部下の関係ではなくパートナーという意識であり、それぞれが責任者です。

一人の専門家、1分野の専門家では課題解決が不十分な案件も、信頼できるパートナーと組むことができれば、対応力が向上します。お互いが本物のプロフェッショナルと認め合っているから可能な組織です。

そしてそれぞれが、自分自身の専門能力を日常から磨き続けているからこそ、刺激的で、挑戦的で、発展的なパフォーマンスが期待できるのです。

最近では、企業間プロジェクトに、それぞれの企業に属さない専門家が参加することが増えてきています。私も職業柄、常に多くのプロジェクトに参加しています。大きな組織に属さない専門家が増えてきているからでしょう。

60項の「明日のマネジメント」でも触れていますが、これからの経営は、外部の本物の専門家をどのように活用するかが大きな課題といえます。

第⑤章　[マネジメント編]

成果を生みだす手段

Drucker
Business Strategy

37

マネジメントとは何か

ドラッカーはマネジメントを「組織を通じて成果を上げるための機関」であると定義しています。つまりマネジメントは成果をだすための手段であり、道具という位置づけです。

マネジメントには、３つの役割があります。

①自らの組織に特有の使命、それぞれの目的を果たす

企業にとっての特有の使命とは、「その組織の存在意義を果たすために、独自の商品サービスを顧客に提供すること」です。

②仕事を通じて働く人たちを活かす

企業が仕事を生みだし、雇用をつくり、働く人の強みを活かして、生き生きと働ける場を提供することです。

③ 自らの組織が社会に与える影響を処理するとともに、社会の問題の解決に貢献する

企業は社会に存在する一機関です。顧客や社会のニーズに応えるのが使命です。自らの目的のために社会に悪影響を与えてはいけません。福島第一原発の事故のような例があってはいけません。

社会に与える悪影響を廃し、社会のニーズに応えるとともに、社会の発展に貢献しなければなりません。

企業のマネジメントは、経済的な成果を上げることによってのみ、評価されます。企業がどのような活動を行っても、経済的な成果を上げられないならば、マネジメントは失敗です。

マネジメントが活用する資源は、ヒト、モノ、カネ、時間、情報が中心です。

38

企業を伸ばすための3つのマネジメント

企業活動で重要になってくるマネジメントは次の3つです。3つの機能は調和させなければならず、どれも切り離すことができない機能となります。

① 事業のマネジメント

事業のマネジメントとは、「経営計画を策定し、組織化し、目標管理をすること」です。マネジメントの評価の基準は事業上の成果ですから、事業のマネジメントを行うということは、組織の目標達成のための運営をすることです。事業のマネジメントを行うのに勘や才能は必要ありません。

マネジメントとは、知識や能力ではなく、仕事ぶりであり実務です。

② 経営管理者のマネジメント

我々が利用できる資源の中で、成長と発展を期待できるものは人間だけです。その中でも、経営管理者（経営幹部）は最も重要なプレイヤーといえます。

機械的な法則に従うしかないほかの資源（モノ・カネ）を操作し、変化をもたらすことができるのは、マネジメントを主体的に行う経営管理者です。経営管理者をマネジメントするということは、最大の資源を生かすということであり、企業経営を行うということに等しくなります。

③人と仕事のマネジメント

仕事はさまざまな立場の人たちによって行われます。従って、人に最も適するように仕事を設計し、最も生産的、効果的に仕事ができるように人を配置することが必要です。それには、人それぞれの特有の特性、能力、限界を見ることが必要です。そして、「人は個性や働き方を決め、地位と機能を要求する存在である」と認識することも重要です。

個人が持っている能力を引きだし、仕事に責任を持たせ、正当に評価しましょう。

39

マネジメントをする人がやらなければならない仕事

マネジメントをする人の仕事は、２つの課題を解決することです。

①投入した資源の創和よりも大きなものを生みだす生産体を創造すること

「資源１＋資源１＝資源２以上」になるように活動することです。

異質なモノを組み合わせて新たな価値（商品サービス）を創造するのです。それが、企業活動が社会的価値を高めている、社会に貢献しているという証明になります。

そのためには、38項の３つの機能をバランスさせ、適切な状態にするマネジメントが必要です。

②あらゆる決定と行動において、ただちに必要なものと、遠い将来に必要とされるものを調和させること

現在と将来のバランスをいかにとるか、という課題です。

現在の顧客を満足させながらも、将来のためにイノベーションも行っていかなければなりません。現在と将来の双方における犠牲を最小にとどめ、どちらの成果にも責任を持たなければならないのです。

前記の課題を解決するためにマネジメントを行います。マネジメントを行う人の仕事には、基本的なものが5つあります。この5つの仕事を通じて、活力にあふれた成長する組織を生みだします。

（1）目標を設定すること

目標を持つべき領域を定め、到達点を決めます。個人と組織、短期と長期、資源と結果などのバランスをとり、その目標が関係する人たちにとって意味あるものにする必要があります。

（2）組織化すること

仕事を活動別に分割し、さらに作業に分割します。それらの活動と作業を体系化し、組織構造にまとめます。そしてその組織に必要な人を配置し、マネジメントを行う人を選びます。

(3) コミュニケーションすること

組織の中で仕事を行う者同士がコミュニケーションを図り、目標に向かって活動できるように、動機づけを行います。

(4) 評価測定できるようにすること

評価のための尺度を定め、自己管理を可能にするために、尺度の意味と成果を部下と上司、同僚に知らせます。

(5) 人材育成すること

仕事に求められる能力と個人が保有する能力のギャップを分析し、一定期間の中で、求められる成果を発揮できるよう指導していくことです。分析の能力に加えて、人間関係をつくる特別な資質が必要となります。

マネジメントは人という特殊な資源とともに仕事をします。資源である部下は、ともに働く上司に特別の資質を要求します。その資質は、後天的に学ぶことが難しい、マネジメントを行う人にはじめから身についていなければならない資質です。

それが、**「真摯さ」**です。

「マネジメントを行う人（マネジャー）として失格となる真摯さの欠如」は以下のようなケースです。

①強みよりも弱みに目を向けるマネジャー
②何が正しいかよりも、誰が正しいかに関心を持つマネジャー
③真摯さよりも、頭の良さを重視するマネジャー
④部下に脅威を感じるマネジャー
⑥自らの仕事に高い基準を設定しないマネジャー

40
マネジメントを妨げる行為

マネジメントの成果を上げるには、組織の目的を達成するために必要な課題を中心に、組み立てられていなければなりません。正しい職務設計を保証する公式はありませんが、次のような**「マネジメントを妨げる行為」を避けるようにしましょう。**

①**仕事の範囲を狭く設計し、優れた者の成長する機会を奪ってはいけません。**仕事はすべて、成果を通じて喜びを与えるものである必要があります。小さく設計した仕事は、達成感を感じることができず、人と組織を知らぬ間に麻痺させ、活力を失わせます。

②**補佐役という職務は仕事とはいえない仕事で、さらに有害です。**補佐役には直接貢献できる仕事がありません。自分だけでは責任ある存在とはなりえません。一定期間であれば訓練となりえますが、収まってしまうと、本人もその組織も堕落します。

③**マネジメントも一つの仕事ですが、マネジメントすることだけに専念してはいけません。**だからといって部下の仕事に戻ってもいけません。現場の仕事に関わり、専門家と

なるよう極めますが、マネジメントする人自身が自らの新しい仕事をつくりだすのです。

④**マネジメントの仕事は、自分あるいは直接の部下を使うだけで実行できなくてはなりません。**会議や調整や出張、人間関係を必要とする場合は特別なことで、それらを数多く必要とする職務は正しくありません。

⑤**報奨の不足を肩書を与えることで補ってはいけません。**もちろん仕事の中身の不足を肩書で補ってもいけません。肩書きの乱発は、組織内で問題を起こします。報奨と肩書は、別な意味合いで使用しましょう。一度与えた肩書きは簡単にはずせません。

「マネジメントの職務の設計」は、次の4つの視点から自分で考えなければなりません。これら4つの視点すべてがそろって、はじめてマネジメントの仕事として定義されます。

①組織上の本来果たすべき日常の継続的な仕事。主務としての仕事です。

②自らの仕事に加えて、組織や上司から設定された仕事。その責任を超えることが優れた成果を上げる者の証です。

③上下、横との関係によって必要とされる仕事。活動相互間を調整する仕事です。

④情報をコントロールする仕事。仕事に必要な情報をいかに入手するか、周囲が必要な情報をどう提供するか。情報の流れを管理する仕事です。

41

成果中心の組織化

組織をつくる目的は**「凡人をして非凡なことを行わせること」**にあります。凡人から強みを引きだし、人の弱みをカバーするのです。**天才をあてにせず、仕事を誰がやってもできる仕組みに設計しなければなりません。**

そして組織に**「成果中心の精神」**を植えつけます。「成果中心の精神」とは、**投入したもの以上のものを生みだすことです。**それは組織や組織構成員からエネルギーを生みだすことです。機械では、出力されたものが投入したもの以上になることはありません。

マネジメントを通じて、成果中心の精神をその組織の行動の原理にしていきましょう。

具体的には以下を実践することです。

①組織の焦点を成果に合わせる

成果の基準は高く持つことが必要です。間違いや失敗をしない者を信用してはいけません。人は優れているほど多くの間違いを起こします。優れているほど新しいことを試みます。

②組織の焦点を問題ではなく機会に合わせる

問題中心の組織は守りの組織です。それでは、昨日を超えることはできません。問題に追われるのではなく将来に向けた機会に目を向けることによって、個々のやる気が引きだされ、仕事に向かう精神状態を高く維持することができます。その高さ故、仕事を通じて、興奮、挑戦、達成感を得ることができるのです。

③人事に関わる意思決定は、組織の信条と価値観に沿って行う

人事の決定は、人間行動に対していかなる数字や報告よりも、はるかに影響を与えます。そして、マネジメントが何を重視しているかを知らせることになります。正しい価値観に沿った行動が求められます。人事に関わる意思決定が最大の管理手段であることを認識することが必要です。

④人事に関わる決定は、真摯さこそ唯一絶対の条件であること

真摯さを身につけていなければならないことを深く認識しなければなりません。真摯さはとってつけるわけにはいきませんし、ごまかしがききません。部下は真摯さの欠如に対しては許しません。彼らはそのような者を上司に選ぶことを許しません。

42

マネジメント教育

マネジメントを行う人は、育てるべきものです。運や偶然の出現に頼るのではなく、明日のマネジメント層の育成、確保、スキルを発揮することに体系的にとり組まなければなりません。

たいていの社員は40代に入ると、一つの業界、一つの仕事を極めたことで仕事から受ける刺激、喜びを感じられなくなります。ですから、別の組織や別の環境への異動、ほかの仕事におけるこれまでの経験の応用、部下指導、組織全体への責任など、新しい挑戦や機会を与える必要があります。その中で、マネジメントという新しい貢献の方法を学ぶ必要があるのです。

マネジメント教育の目的は、「人の能力と長所を最大限に発揮させ、成果を上げさせること」です。教育するのは、マネジメントに関わるスキルです。成果を上げるための行動であり、仕事の体系であり、必要とされる姿勢です。人の個性や感情や性格ではありません。

マネジメント教育は、「自分が成果を上げたものは何か。優れた成果を上げることができるものは何か。その成果を最大限に発揮するために克服すべき条件は何か」を考えることからスタートします。**自己評価からはじめ、上司が積極的に参加し、指導を行っていきます。**

こうして強みを明らかにするとともに、障害となっている課題も明らかにするのです。

同時に、**「自分の人生に期待するもの、価値観、願望、進むべき方向は何か。そのためには、何を行い、何を学び、何を変えるか」を自問自答する必要があります。**この問いにつき添うのは、自分をよく知り、尊敬している上司であることが望ましいのはいうまでもありません。

成長は常に自己啓発によって行われます。自己実現の動機を外側から与えることはできません。動機は内側からでてこなくてはいけません。新しいスキル、新しい知識、新しい姿勢を学ぶには、新しい経験が必要です。評価によって自らの強みを知ることに加えて、新しい仕事の機会と上司の手本が必要です。**上司はともに働くものの自己啓発努力を助けることについて責任を持たなければなりません。**そして、自らの自己啓発にとり組んでいる上司ほどいいお手本になるものはありません。上司を手本にすることによって、部下は自らの強みを伸ばし、必要な経験を積んでいきます。

43

最高の仕事への動機づけ

働く人たちから最高の仕事を引きだすためには、いかなる動機づけが必要となるか。それは「従業員満足」を高める、という答えが通常です。しかしドラッカーは、従業員満足はほとんど意味をなさないと説明しています。

例えば、いい仕事ができて満足している者もいますが、平穏無事に過ごせるが故に満足している者もいます。より優れた仕事、大きな仕事をしたいが故に現状に不満な者もいます。

そもそも満足の基準もあいまいですし、個人差もあります。従業員満足を動機づけの物差しにするのは間違っているのです。満足とは、従業員側の受け身の気持ちです。

企業は、従業員に仕事と責任を要求しなくてはなりません。従業員が責任を欲しようと欲しまいと関係ありません。企業は仕事で貢献することを必要としているからです。

一方、**従業員には、仕事を通じた自己実現を目指してもらいます。**恐怖や報酬に頼った外圧による動機づけではなく、仕事に対する内側から湧きでる内発的動機に変えなければなりません。自発的に生き生きと働き、生産的な仕事をしてもらうことが、マネジメントの目的でもあるからです。

仕事において**「自律性を高め、責任を持たせるための方法」**は4つあります。

① **納得でき、信頼できる、適正な人事配置すること**が最低条件として必要です。

② 次に、**個人の力量から想定される最高水準の仕事に焦点を合わせる**ことが、自己実現の達成感と誇りをもたらし、意欲を引きだします。

③ **自らの仕事を理解し、管理し、評価するための情報を提供**しなければ、責任を要求することはできません。評価の基準を理解させ、途中経過を共有し、納得できる評価結果を伝えます。さらに上位の情報を共有することによって、自分の仕事に対する責任を理解し、上位者との意思の疎通も深めることができます。

④ **与えられた仕事ではなく、自らが意思決定して仕事を成しえたとき**には、大きな達成感と同時に大きな責任感が生まれます。また、自分の職場コミュニティの運営に主体的参加をしてリーダーシップを発揮しているときには、責任感を感じています。**一参加者から運営者側に立たせれば**、大きな責任感が芽生えるものです。

44

仕事と労働の違い

ドラッカーは、マネジメントする上で、「仕事と労働とは根本的に違う」と両者を分けています。合理性を追求する仕事と、人間が行う感情を伴う労働という2つの側面をマネジメントでは対象とする必要があると説明しています。

仕事は客観的なものであり、科学的アプローチが適用できます。仕事を生産的なものにするためには、次の4つの要素が必要となります。

① 仕事を分析する

仕事を構成する基本的な作業に分解し、その要素を明らかにした上で、非生産的な部分を改善したり、とり除いたりします。

②プロセスを組み立てる

①とは逆に、全体の仕事を見ながら最も効率的に行えるようにします。分解した個々の作業を一人の仕事にまとめたり、一人ひとりの作業を組織の生産プロセスに組み立て直したりします。

③管理手段を組み込む

仕事のプロセスの中で、予期せぬリスクを感知し対応するために、基準との乖離を知らせる管理手段を組み込みます。仕事の進捗が常にわかるように、フィードバックの仕組みも必要です。管理は経済的な観点から行うべきで、管理のための管理にならぬよう気をつけなければなりません。

④道具(ツール)を使用する

成果から逆算して、仕事を生産的なものにするための道具を活用します。実用的でシンプルな道具を使用しなければなりません。管理のための管理ツールが増えています。ITのような複雑な道具が仕事の効率を妨げる原因になっている場合も見られます。仕事を行うのはあくまで人間であることを意識する必要があります。

一方労働は、働くこと、すなわち人の活動です。科学や論理ではなく、人間の本性でもあり、力学といえます。ドラッカーは、働く者が生産的な存在として、成果を上げるために、**「働くことの5つの側面」**があると説明しています。

①生理的な側面がある

本来仕事の生産性を高めるためには、単純化し、均一化して、同じ動作の繰り返しに設計すればいいのです。しかし、人は機械のように働けません。仕事のスピード、リズム、持続時間は人によって異なります。人それぞれに多様性を持たせることが必要です。

②心理的な側面がある

人にとって働くことは、人格の延長でもあり、自己実現の源でもあります。自らを定義し、自らの価値を測り、自らの人間性を知るための手段でもあります。

③社会的な側面がある

組織社会では、働くことが人と社会を結びつける重要な絆となります。社会における立場も決めます。職場が重要なコミュニティにもなります。

④経済的な側面がある

労働は生活の資です。同時に、経済活動が永続、雇用を安定するための、明日のための資本としての基盤をもたらします。

⑤政治的な側面がある

上司と部下がいます。管理する者と従う者がいます。評価する者と評価される者がいます。会社で働くことは、権力関係を伴います。

以上のように、働くという行為を、科学的側面から合理的にみると同時に、人間として割り切れない不合理な側面を併せ持って考えなければならないのがマネジメントです。

そして生産性を高めるためには、２つの側面両方を満足させる解決策、調整策を考えることが必要となります。

45

コミュニケーションを成立させる基本原理

マネジメントを行う上で、コミュニケーションが大きな手段となります。実際、マネジメント研修の中で、最も関心の高いテーマがコミュニケーションです。ドラッカーが定義する「コミュニケーションの４つの原理」は、現在のコミュニケーションスキルや理論のすべての前提となるべき、深い示唆に富んでいます。

①コミュニケーションは知覚である

「音波は発生する。だが音を感じる者がいなければ音はしない」。すなわち、相手が理解できない、認識しようとしなければ、コミュニケーションは成立しないということです。コミュニケーションを成立させるのは、発信側ではなく、受け手側であるということを強く認識しなければなりません。

②コミュニケーションは期待である

人は、期待しているものだけを知覚する傾向にあります。人の心は、期待していないものを知覚することに対して抵抗し、受けつけない、聞こえない、見えもしない、無視することがあることを認識すべきです。相手が何を期待しているかを知った上で、話をしないと効果的なコミュニケーションはできません。

③コミュニケーションは要求である

コミュニケーションは受け手に何かを要求します。それは常に、何かをしたいという受け手の気持ちに訴えようとします。それが受け手の価値観、欲求、目的に合致するときは強力となりますが、合致しないときは、まったく受けつけられないか抵抗されます。日常から同じ方向性、価値観の共有がなされていると伝わりやすくなるということです。

④コミュニケーションは情報ではない

コミュニケーションと情報は別物です。コミュニケーションは知覚の対象であり、情報は論理の対象です。お互い依存関係にありますが、情報は形式であって、人間的な要素はありません。双方に共通認識がなければ、送り手と受け手の間に情報の共有は行われません。

46

情報と知識の違い

データは情報ではありません。

データを情報に変えるには目的を持った方向づけが必要です。ネット上にはさまざまな情報が氾濫しています。しかし情報は得た人によって解釈が変わります。その情報を評価し、ある一定の条件のもとで意味あるものにしなければなりません。

情報を体系化し、意味づけしたものが知識です。

知識に整理されて、一般化されることになり、幅広く理解できるようになります。

その知識を現場の問題に活用できるように、応用することが知恵となります。

知識の段階では評論家ですが、知恵となってはじめて経済的価値を生みます。

〈データから知恵に変えるプロセス〉

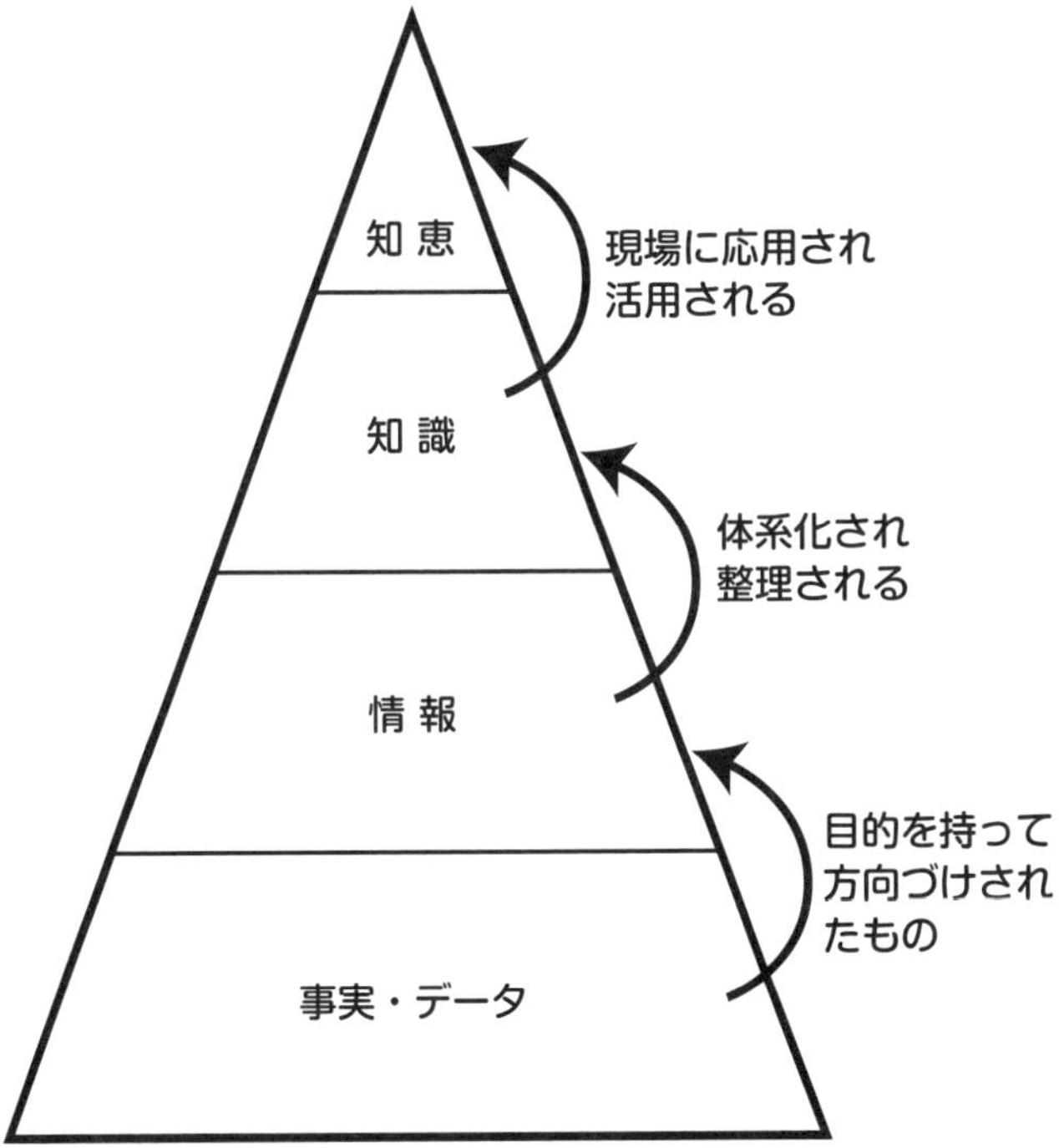

●内発的動機にあふれた小さな企業「都田建設」②

都田建設の蓬台社長から興味深いお話を聞くことができました。

家の建て替えを行うとき、旧家屋の解体を行いますが、協力企業の解体業者さんのモチベーションが上がらなかったそうです。

そのとき、社長は解体業者さんを集めて、「家屋を解体するという仕事」の意味を話しました。持ち主である、家主さんの立場で考えたらどうか、問うたのです。解体業者さんは家を壊すことが仕事ですが、そのとき家主さんは家族の長年の思い出の家が壊れていくのを食い入るように見ています。我々の仕事は「お客様の思い出を永遠にする仕事である」ことを認識し、「儀式」として行ってほしいと伝えました。

社長は、仕事を意味のある言葉に変えることを大切にしています。とことん仕事の意味を働く人に考えさせます。そうするとみんなの働き方が変わってきます。

お客様に感動していただくには、従業員自身が感動体質で、働くことに意味を感じていなければ成立しません。会社として最も大切にしていることは人格形成だといいます。そのために毎週1回木曜日の午前中に「価値の同期化」の時間をとり、話し合いをしています。従業員の人生観や夢や愛などについて語る場、仕事の内容を共有する場、お客さまの感動を考える場を毎週設けています。お客様には成長する自分たちの姿勢を受け止めてもらい、従業員の人生観を買ってもらえる会社にならなければならないといいます。

目標についても個人ノルマはありません。受注した場合、チームで助け合いながら仕事をしているという基本精神なので、みんなでインセンティブを分け合います。そのような組織なので、仲間内で自然に仕事を教え合います。

仕事の工夫や改善も従業員から発言を引きだします。一人ひとりのお客様に感動していただく仕事は、従業員個々の自由な発想と自己責任のもとで行われます。自ら進んで自発的に行われなければ、感動の瞬間はつくれません。お客様に価値を提供する仕事は、カリスマ経営者の指示では実現できないと社長はいいます。従って、経営として何にも増して重視しているのが価値観の浸透であり、それに基づいた人格形成であるのです。

第⑥章　［目標管理制度編］

組織を目標達成に導く

Drucker
Business Strategy

47

「目標による管理」の正しい理解

「目標管理制度を運用していますか？」と聞くと、ほとんどの企業から運用しているという答えが返ってきます。しかしその実態は、売上目標や利益目標を与え、結果を評価している、という運用です。いわば、ノルマ管理のように目標を管理しているという程度です。「目標による管理」とは、売上目標や利益目標を管理するという意味ではありません。結果を管理しても、結果を変えることはできないのです。

重要なことは、**目標達成を可能とする計画を立てることと、結果に至るプロセスをマネジメントすること**なのです。

ドラッカーが提唱したのは、**「Management by Objectives and Self-control」（目標と自己管理によるマネジメント）**です。経営から現場まで、組織の目標を個人の目標に展開します。そして目標達成に向けて、「自らの仕事ぶりを自らが管理することが可能な仕組み」をつくり、個々の自己責任で運用する、自律性を重視するマネジメント手法です。

目標管理の基本となる考え方は以下の3つです。

①従業員の能力・行動意欲を信頼する

人間はやらされているという気持ちより、自らやろうという気持ちの方が、大きな力を発揮するものです。強みも発揮されやすいのではないでしょうか。主体性、納得性を通じ、目標達成のための責任感と創意工夫を促します。

②期待する成果を明確にする

あらかじめ期待する成果を明確にして実施することが、仕事を通じて、貢献しているという実感を持たせることになります。そして、個々の貢献が認められることによる満足感が、組織全体の成果をさらに押し上げることにつながります。

③全体目標と個人目標の調和・統合を図る

人間の成長、やりがい、認められたい、チャレンジなどの個人的な欲求と、より大きな業績を上げたいという組織の目標を統合します。

目標管理によって期待される効果は以下の5つです。

（1）自主性尊重による人材育成、セルフマネジメントの向上
※セルフマネジメントとは「正しい判断を行い、その判断通り自分で実行できること」
（2）各人の仕事の明確化
（3）成果重視の文化づくり
（4）業務遂行能力の向上
（5）組織内コミュニケーションの活性化

ドラッカーに、「自己管理による目標管理こそ、マネジメントの哲学たるべきものである」といわしめた、目標による管理の正しい展開方法を学びましょう。

●目標設定の正しい捉え方

経営計画がつくられ、その到達点として目標は設定されます。

目標は経営の目的を達成するために存在します。

目標達成はあくまで目的を達成するための手段に過ぎないことを前提として、理解させなければならないのです。

もちろん、事業の目的とミッションだけでは、方向性とスローガンに終わってしまいます。具体的到達点として、成果を評価するための基準として目標が設定されるからこそ、計画とマネジメントが機能し、具体的な行動に結びつくのです。

しかし、ほとんどの企業では、目標達成が目的になっています。目的（目標達成の意味）も知らされぬまま、目標だけが上から下りてきます。それ故に、目標に対する達成感が薄れ、目標達成が義務を果たすこと、ノルマを果たすこととなってしまいます。自分の個人目標以上業績を追求しないし、モチベーションも長続きしません。自律的なとり組みも期待できません。

部分（現場）が全体（経営）とつながらないのです。

目標を達成することに意味を与え、現場まで伝えていくことこそが、上位目標である経営目標の達成につながるのです。

48
効果的なＰＤＣＡの回し方

全社方針を年間、半期、四半期に分解して目標設定をします。その目標を各階層に連鎖させて展開し、現場の個人目標に落とします。**設定された個人目標を、上司は、ＰＬＡＮ（計画）→ＤＯ（実行支援）→ＣＨＥＣＫ（振り返り）→ＡＣＴＩＯＮ（修正）という手順で実行管理を行います。**以下にそれぞれの工程の運用上のポイントを説明します。

①ＰＬＡＮ（目標設定・達成計画）

・目標「何を、いつまで、どのようにするか」が明確なこと
・本人に対する期待役割、期待貢献と合っている目標なこと
・育成的観点で挑戦的目標となっていること
・目標達成に向けた、具体的で達成可能な戦略、戦術、

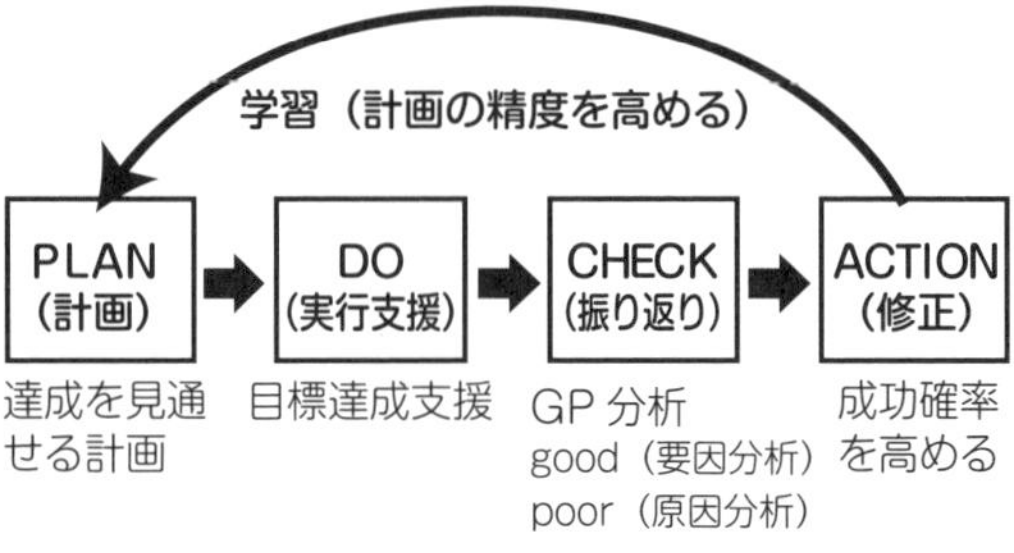

・マネジメントの意識ではＰＤＣＡではなくＣＡＰＤのサイクルで回すイメージが重要

実行計画が作成可能なこと

・目標を押しつけるのではなく、自ら宣言させること、本人が納得していること

② DO（目標達成支援）

・目標に向かう過程においても、達成可能な計画であること
・環境の変化や条件の変化によって、適時適正な修正が行われていること
・目標達成に向けた確固たる信念があること
・定期的な会議や面談により、報連相の仕組みが機能していること
・結果ではなく、仮説に基づいた先行指標を指導して成果に結びつけていること
・業績向上に向けた有用な情報が流通していること

③ CHECK（目標結果の振り返り）／ACTION（修正された行動）

・本人の自己評価からはじめること（上司からの一方的評価では学習が少ない）
・自らの仕事ぶりと成果を評価するための基準と情報が提供されていること
・振り返りはGP分析による原因究明をすること
　Good→できたこと……成功要因　Poor→できなかったこと……失敗原因
・原因分析による成功事例の横展開、再発防止で成功確率を高めること
・振り返りの目的は学習であり、業務遂行能力の向上となっていること

49

目標管理と人事評価の違いと連動性

人事コンサルティングをしていると、目標管理と人事評価が混乱して運用されている場面によく出会います。目的も位置づけも違いますので、説明させていただきます。

・目標管理の位置づけ

主たる目的は目標達成するためのマネジメントの仕組みです。

目標達成のための進捗管理と指導、部下の業務遂行能力の向上を狙いとします。

経営目標から組織を通じて現場に展開していきます。

・人事評価制度の位置づけ

主たる目的は従業員の貢献度に対する待遇（報酬と立場）を決定する仕組みです。

個人の満足度・納得度、モチベーション向上と中長期的能力開発を狙いとします。

現場の社員の評価から上位者の順に上げていきます。

人事評価のための具体的事実確認のために、目標管理（ＭＢＯ）の仕組みを連動させます。
左の図のように表裏の関係にあります。

〈業績向上を実現する目標管理、人事評価制度の役割〉

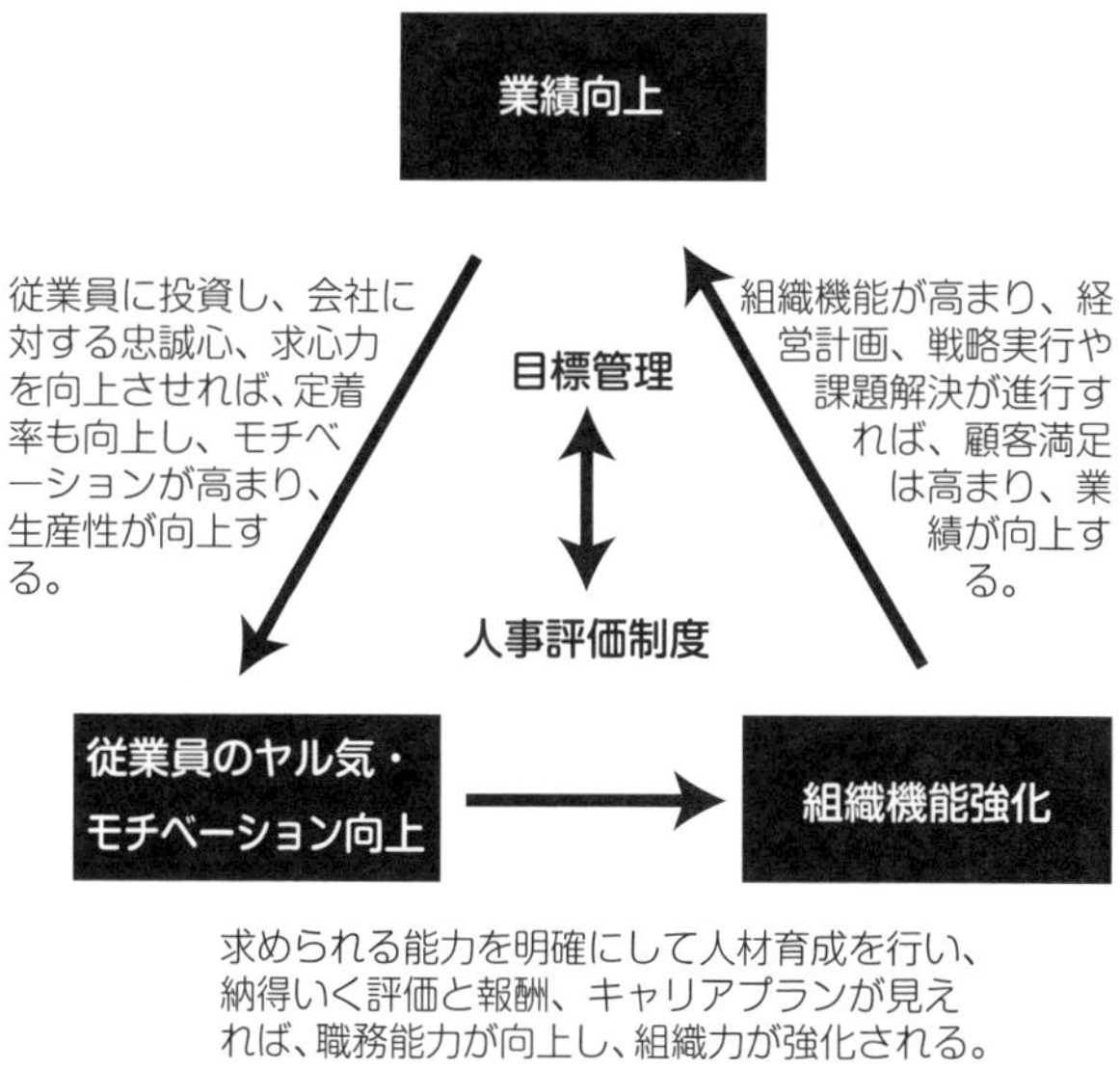
業績向上
従業員に投資し、会社に対する忠誠心、求心力を向上させれば、定着率も向上し、モチベーションが高まり、生産性が向上する。
目標管理
人事評価制度
組織機能が高まり、経営計画、戦略実行や課題解決が進行すれば、顧客満足は高まり、業績が向上する。
従業員のヤル気・モチベーション向上
組織機能強化
求められる能力を明確にして人材育成を行い、納得いく評価と報酬、キャリアプランが見えれば、職務能力が向上し、組織力が強化される。

50

経営と現場をつなげる経営計画のつくり方

会社の目標が組織の目標に展開され、個人の目標設定につながる。個人の目標の総和が会社の経営目標の達成になる。理想的にはそうあるべきですが、現実は会社の目標と現場の目標が乖離しているケースが少なくありません。

正しい目標は、どのような展開方法で設定されるべきでしょうか。前提になるのは、次の階層別の計画です。

①全社経営計画→②部門経営計画→③部経営計画→④課（店舗）経営計画→⑤個人目標達成計画

上記の経営計画を階層ごとに、時間のレンジで整理し、期間内目標を設定します。

	中期(3年)	年度目標	半期目標	四半期目標	月次目標	週間計画
全社	◎	◎	○	○		
部門	○	◎	○	◎		
部		○	○	◎	○	
課(店舗)		○	○	◎	◎	
個人		○	◎	◎	◎	○

※○は重要目標、◎は最重要目標

表の時間レンジを整理し、目標を連動させて運用していく仕組みをマネジメントサイクルと呼びます。

組織責任者が、上位目標を意識しながらマネジメントサイクルを回していくことが目標管理の運用となるのです。

管理職は、週間、月間、3カ月、半年、1年という大きさの違うマネジメントサイクルを同時に別々の視点で考えなければならない。

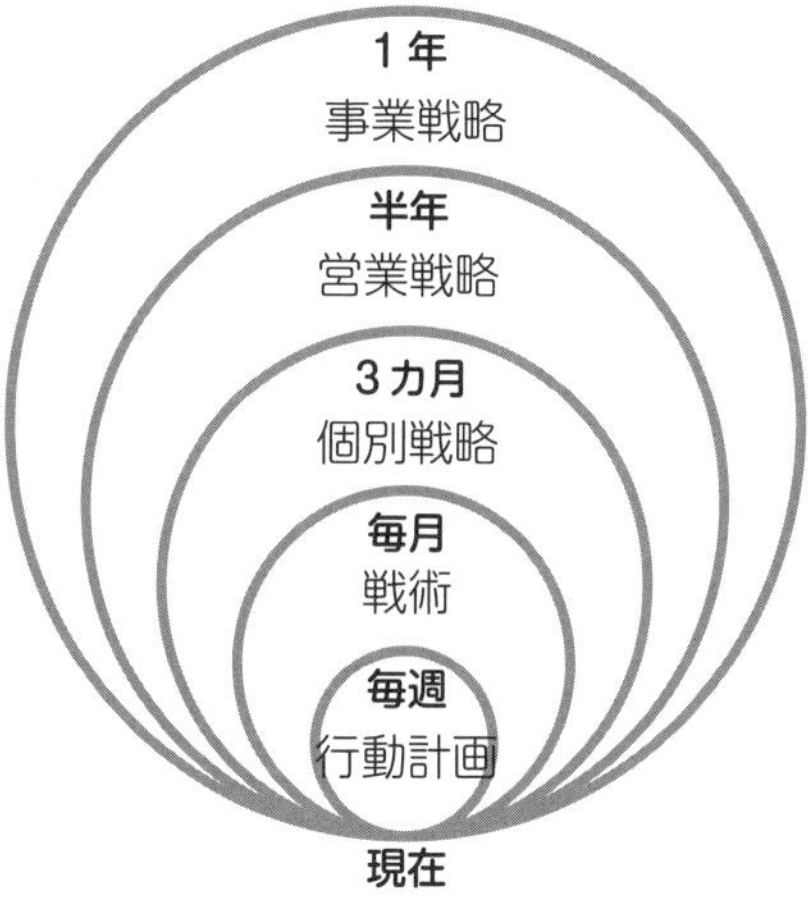

〈階層別会議・計画機能〉

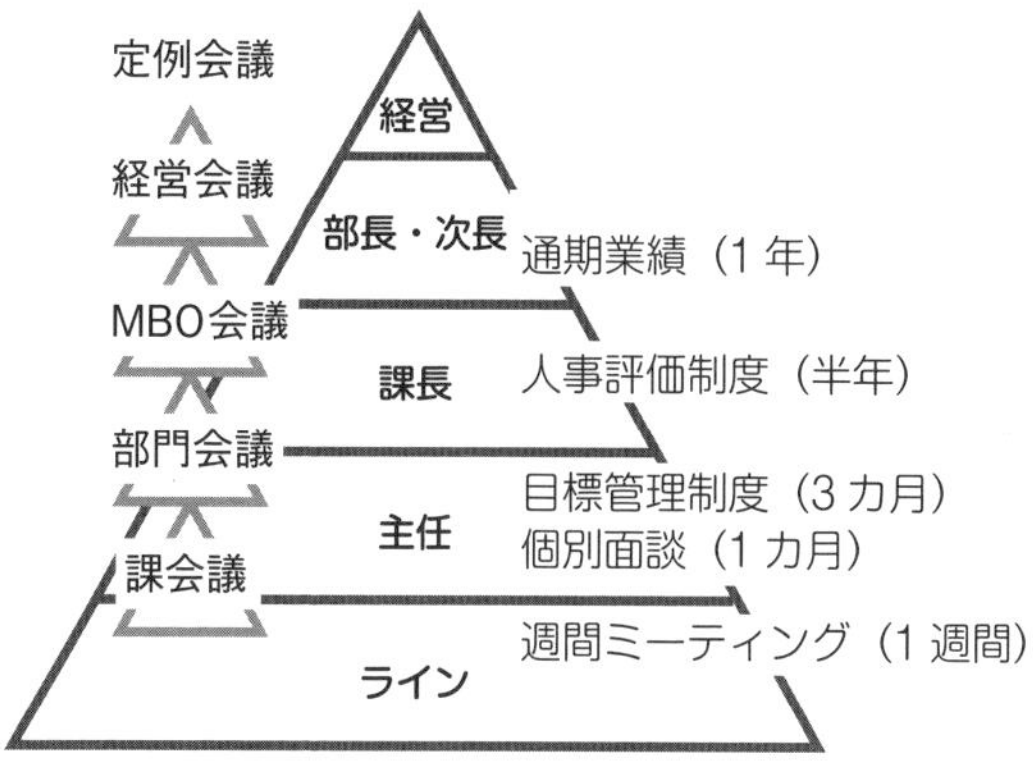

51 マネジメントサイクル

マネジメントは階層ごとに役割が違います。実際現場の仕事は現在の点で動いていますが、各責任者は責任の重さや、見るべき範囲、対象とする期間が異なりますので、短期の問題解決と長期の課題解決を、同時にバランスをとりながら動かします。

階層別の経営計画を確認修正していくのは、報告書と会議です。報告書と会議をうまく経営計画と連動させて、機能させることによって、期間ごと、階層ごとの目標達成と課題解決が進捗していきます。

一般的には企業規模に関係なく、事業戦略を1年、個別戦略を四半期、戦術を1カ月、行動計画を1週間単位でマネジメントします。

それに合わせて、役員↓部長の階層は、1年の目標を四半期ごとに進捗確認します。部長↓課長の階層は、四半期の戦略を月次の会議で確認します。課長↓メンバーは、月次の戦術を週単位で確認します。この流れで、全社の目標を現場の行動計画と連動させるのです。

個人の目標設定をする際は、一定期間内で、測定可能な成果を具体的に落とし込まなければなりません。そうしないと達成したかどうか、振り返ることができないからです。ただし、個人の目標上の責任だけを追求するマネジメントを行ってしまうと、組織の目標達成の手段である個人目標達成が目的となり、「自分の責任だけ果たせばそれでいい」「ほかのメンバーの達成状況は関係ない」「自分の所属するチームの目標には関心がない」などという、個人主義がはびこる原因となります。

私が指導させていただいている企業では、「組織目標30：個人目標70」「組織目標50：個人目標50」というように、所属組織の目標もウエイトづけして評価の対象にしています。すると、お互いの仕事に対する関心や積極的な情報共有、後輩指導、数字に対する粘り、執着心がでてきます。

組織長は、全社の経営計画の進捗状況や所属組織の目標達成状況を常にメンバーに知らせ、関心を持たせ、組織の一員であるという意識を日常から持たせなければなりません。そのことが会社の方向性を理解し、全社一丸となって目標達成に向かい、会社に対する忠誠心を高めることにつながるのです。

●目標による管理の仕組み導入事例「ブレイン&アーチスト」

東京都町田市に本社を構える株式会社ブレイン&アーチスト。子どもたちの運動指導、思い出シーンの写真撮影、幼稚園・保育園施設への教諭・保育士派遣事業という3事業を行っています。

子どもたちが好き、スポーツ指導が好き、という体育会系メンバーが集まって経営していますが、現場の子ども指導に熱が入り過ぎたためか、個々がバラバラに動いてしまいマネジメントがうまく回せません。

また、中期事業計画はありましたが具体的施策への落とし込みが弱いため、現場まで展開されないという悩みを抱えていました。

そこで、「個人の力に頼るのではなく、仕組みの運用を徹底する」という方針で、2012年より目標による管理の仕組みを導入しました。

中期事業計画を年度方針に落とし、年度経営計画に基づいて、3つの事業部門責任者が年間事業計画をつくったのです。その事業計画を四半期経営会議で確認、修正、月次目標管理会議で進捗確認をします。

慣れない計画に、試行錯誤しながらも半年間かけて、自分たちで自律的に回せる力がつきました。また、同時に人事評価制度も導入しました。

(目標管理制度) 経営目標 → 組織目標 → 個人目標

(人事評価制度) 個人目標 → 組織目標 → 経営目標

という上から下への流れ(目標管理)と下から上への流れ(人事評価)がかみ合い、経営方針や戦略の意味が共有され、現場まで浸透しはじめています。またこの仕組みを運用することによって、自然と管理職に自覚が芽生え、部下の行動や現場のマネジメントが日常の仕事に溶け込みだしています。

「仕組みが先か、育成が先か」答えは難しいですが、この会社の場合は、仕組みを導入して、その中で人材が育ちはじめています。

人事評価制度を導入することによって、昇進昇格にも関心が高まり、教育体系・人材育成の基準も明確になります。

目標管理制度と人事評価制度をうまく連動させて運用することにより、経営の意図や目標の意味が伝わりやすくなり、マネジメント力も高まるのです。

規模の大きさに関係なく、連動して機能的に2つの仕組みを回している企業は少ないものです。皆さんの会社の目標管理、人事評価の仕組みの連動はいかがでしょうか。

第⑦章　[トップマネジメント編]

経営者しかできない仕事

Drucker
Business Strategy

52 トップマネジメントの仕事

トップマネジメントの仕事は、ミドル（部長・課長クラス）のマネジメントの仕事とは根本的に異なります。

ミドルのマネジメントの仕事は組織の基本単位の成果に集中します。部下を直接動かし、成果を生みだします。

トップマネジメントも全社の成果に集中はしますが、範囲は幅広く、複数の仕事が同時に起こります。矛盾した複雑な事象に対する決断も求められます。

最も重要な役割について、ドラッカーは６つ述べています。

① 事業の目的を考える役割

「我々の事業は何か。何であるべきか」を考えなければなりません。すなわち、事業としての目標の設定、それを達成するための戦略と計画の作成、明日のためのさまざまな意思決定という役割が派生します。これらの仕事は、企業全体を見れて、意思決定を行うことができ、短期と長期のバランスを図れ、成果に向けて人材と資金を配分することができる立場の者だけができる仕事です。

②基準を設定する役割、すなわち組織全体の規範を定める役割

企業の目的と現実の実績の違いを見据えて、課題を設定し、とり組まなければなりません。またビジョンに基づく目指す姿を明確にし、行動を行う上での価値基準を設定しなければなりません。

③組織をつくり上げ、それを維持する役割

事業全体を見据え、組織構造を設計する役割があります。そして将来のための人材、明日の経営者を育成し、組織の精神をつくり上げなければなりません。トップマネジメントの行動、価値観、信条が、組織にとっての基準となり、組織全体の精神を決めます。

④トップの座にある者だけの仕事として、渉外の役割

顧客や取引先、金融機関や行政との関係です。それらの関係から社会的信用、雇用、環境問題に対する姿勢についての決定や行動ができます。

⑤公的行事や夕食会への出席など数限りない儀礼的な役割

地域において目立つ存在になっている中小企業にとっては避けられない、時間のかかる仕事です。

⑥重大な危機に際しては自ら出動するという役割、著しく悪化した問題にとり組む役割

有事には最も経験があり、最も賢明で、最も秀でた者が前面にでなければなりません。法的な責任もあり、放棄することのできない仕事です。

トップマネジメントが行う具体的な仕事の内容は、組織によって異なります。ですから「組織の成功と存続にとって決定的に重要な意味を持ち、かつトップマネジメントだけが行える仕事は何か」、「事業全体を見ることができ、今日と将来の重要性のバランスを考えることができ、最終的な意思決定をなしうる者だけが行うことのできる仕事は何か」を考えるのです。

前記に照らし合わせ、経営者は自分以外の誰かがなしうる仕事があれば、必ず委任しなければなりません。経営者のみがやるべきトップマネジメントに集中すべきなのです。

〈6つの役割を担うトップマネジメント〉

53

経営計画に必要な8つの目標領域

トップマネジメントとして「我々の事業は何か。何であるべきか」を徹底して検討することが最も重要ですが、単なるスローガンとならないよう、事業の定義、目的、ミッションを目標として具体化しなくてはなりません。

設定すべき目標は、部門の役割だけ存在します。そして、短期的な目標に加え長期的なプロセスに視点を置いた目標設定が必要です。

また、売上、支出など定量的（数字）な目標のみではなく、課題解決など定性的な目標のバランスも必要です。

ドラッカーは、**「目標とは、事業の構造、活動、人事の基盤となるものであり、個々の部門と個々の仕事の内容を規定するものである」**と説明し、次の5つの内容を持つものとしています。

①目標とは、事業における成果を評価するための基準である。

②目標とは、仕事として具体化していなければならず、かつ明快にして測定可能な成果、期限、担当が必要で、行動するためのものである。
③目標とは、事業活動の集中と経営資源の活用の集中を可能にするものである。
④目標とは、一つではなく複数のものであり、マネジメントがそれらのバランスをとる。
⑤目標とは、事業を構成するすべての領域に必要なものである。

すべての目標が明確な評価測定尺度を持ち、永遠に正しさを主張できるわけではありません（短期的にクリアすべき目標もあります）。それでも、その時点で最も適切な基準を見いだし、設定されなければならないのです。目標設定は合理性とともに将来を見据えた創造性・洞察力が要求されます。

ドラッカーは、経営計画に必要な目標設定を次の8つの領域において考える必要があると説明しています。経営計画を作成するときにはぜひ参考にしてください。

①マーケティング領域の目標

顧客の創造、すなわち売り上げを上げていく方向性を決定する目標を設定します。そのためには、「市場を決定すること（集中の目標：セグメンテーション）」と「最適なポジショ ンを決定すること（市場地位の目標：ポジショニング）」を前提にすることが必要です。

その上で、次の7つの目標が存在します。

（1）既存の市場における既存商品の目標（市場浸透）
（2）新市場における既存商品の目標（市場開拓）
（3）放棄すべき既存商品の目標
（4）既存の市場における新商品の目標（商品開発）
（5）新市場における新商品の目標（多角化）
（6）流通チャネル（販路）、価格政策目標
（7）新サービス目標

②イノベーション領域の目標

イノベーションの目標は、将来の売り上げを上げていくための事業活動における具体的な指標です。以下の3つの領域があります。

（1）既存商品の改善や新製品や新サービスを生みだす目標
（2）社会や市場、技術の進歩や流通チャネル（販路）の変化に対応するための目標

（3）社内の管理やさまざまな事業活動における改善と卓越性を高める目標

③人的資源の目標

人的資源の目標には、量的目標（例えば人数）と同時に中核人材としての質的な目標があります。優秀な人材を調達するにはマーケティング的な視点で目標を持つことが必要です。

（1）事業課題を埋めるために必要な人材要件は具体的に何か

「求める人物像」の具体化、スペック（知識・能力）、タイプ（性格・価値観）に分けて基準を設定します。

（2）市場にはどのような人材が存在するか

イノベーションに必要な人材は、どこで、何ができて、どのような条件で存在するか、目指す企業、ライバル企業の中にいるのか、リサーチする必要があります。

（3）彼らの関心を惹くにはどうしたらいいか

私はリクルートで企業の採用支援の仕事をしていましたが、その企業の魅力を対象者にいかに伝えるか、マーケティング的な視点で提案活動を行っていました。

（4）どこに配置し、どのように育てるか

優秀な現場の社員の育成も大事ですが、その育成に関わる管理職をいかに計画的に育てるかが会社の将来を決めます。

④資金の目標

資金の供給先、投資家に対してもマーケティング的な視点で目標を持つことが必要です。

⑤物的資源の目標

施設投資、設備導入、廃棄の計画、原材料の仕入れや在庫など必要な物的資源を管理するための目標を設定します。

⑥生産性領域の目標

人・モノ・金の経営資源について効率的に活用し、高い生産性を上げるための目標を設定する必要があります。生産性を計るには、労働力、時間、コストなどさまざまな尺度が必要とされます。最終的に事業全体の生産性が現れるのは、付加価値であり、競合と比較したときの競争優位性です。生産性の向上こそ、マネジメントの質を問われる重要な指標となります。

⑦社会的責任としての目標

企業は社会の支持の上に成り立ち、責任を問われる存在です。直接の顧客からだけではなく、社会的な有用性やいい影響を生みだすことが求められます。環境問題やコンプライアンス、社会とのコミュニケーションなど、ますます積極的な関わり方、姿勢を求められる中で、企業の戦略に組み込まれなければならない目標です。

⑧必要条件としての利益目標

利益とは企業存続の条件です。事業継続のリスク対応、雇用創出、事業の未来のための投資として利益が必要です。利益は手段であって、極大化することが目的ではありません。利益計画における利益の目標は、前述の7つの領域の目標を設定した上で、必要額についての目標でなければなりません。

54

アンゾフの新規事業展開フレーム

下記のフレームは、経営学者H・イゴール・アンゾフ氏が提唱した、成長の方向生を決定するときに最初に考える基本フレームです。事業展開の方向性を、縦軸に市場、横軸に商品をとり、「市場浸透」「商品開発」「市場開拓」「多角化」という4つに分類しています。

① 市場浸透戦略

現在の市場で、現在とり扱っている商品をさらに伸ばしていこうとする戦略。既存顧客の購入頻度を高めるとか、単価を上げることや、現在の市場でのシェアをさらに伸ばす工夫をするなど、最もリスクのない戦略です。

		商品	
		既存	新規
市場	既存	① 市場浸透	③ 商品開発
	新規	② 市場開拓	④ 多角化

②市場開拓戦略

新しい市場に進出して、現在の商品を広げていこうという戦略。広げ方は2種類あり、海外進出など地域を広げる方法と顧客の幅を広げるという方法です。後者の例では、女性向けアパレル会社が男性向けや子ども向けに広げるなどのケースです。

③商品開発戦略

現在の市場に、新商品を次々とだして売り上げを伸ばす戦略。顧客にブランドが浸透している場合、信頼関係で、関連商品が売れていくという現象が起こります。ポイントは、すべて自社商品で賄おうとせずに、強みを持った者同士で、商品提供してもらうほうが、商品開発のスピードが上がり、売り上げも一気に伸ばせます。

④多角化戦略

新しい市場に、新しい商品を投入する戦略です。市場にも商品にも経験がないため、すぐに強みを発揮できる戦略とはなりません。富士フイルムが化粧品をだしたり、飲食チェーンが介護ビジネスに進出したりするケースです。最もリスクが高い戦略ですが、経験のないベンチャー企業というものは、この領域からチャレンジすることになります。

55 トップマネジメントチームの構成

トップマネジメントは、どんな問題もそのたびに解決しなければなりません。多様な能力と資質を要求されます。ですから、トップマネジメントの仕事を一人で併せ持つことはほとんど不可能です。

トップマネジメントを的確に行うには、仕事を複数の人間に割り当てることが必要です。**企業規模の大小にかかわらず、トップマネジメントの仕事はチームで機能させるべきです。**

このチームは最近でいう経営委員会として組織することもあります。チームですからメンバーは同格です。役割分担を行い、それぞれが各担当分野の最高の権限を持ちます。そして社長が全体のリーダーとなればいいのです。そうすることが、会社の方向性や価値観の共有、ワンマン体制の弊害対策や次期経営者の育成にもつながります。

トップマネジメントが「チームとして機能するための条件」は、以下の通りです。

①トップマネジメントのメンバーは、**それぞれの担当分野において、最終的な決定権**

を持たなければなりません。

②トップマネジメントのメンバーは、**自らの担当以外の分野について意思決定を行うことはできません。**担当のメンバーに任せます。

③トップマネジメントのメンバーは、**仲良くする必要はありません。尊敬し合う必要もありません。**内向き志向は正しい判断を阻害します。ただし、攻撃し合ったり、批判したり、けなしたりしてもいけません。これを徹底させるのが社長の仕事です。

④トップマネジメントチームは、**多数決で決めるような議会ではありません。**チームです。リーダー（社長）は上司ではないが、各メンバーの衆知を集め、最終的には自分で決定する権限と責任を持たなければなりません。

⑤トップマネジメントのメンバーは、**自分の担当分野では意思決定を行わなければなりませんが、チームとして判断すべき問題は留保しなければなりません。**事業の定義の問題や事業の統廃合、新規事業、巨額な投資案件に対する判断、主要な人事などです。

⑥トップマネジメントの仕事は、**チーム内での意思疎通に精力的にとり組まなくてはなりません。**トップマネジメントにはあまりに多くの仕事があるからです。また、自立性は、自らの考えと行動をトップマネジメントチーム内に周知徹底させているときにのみ許されます。

56

中小企業のマネジメント

ドラッカーはトップマネジメントの戦略の中で、企業規模によるマネジメントの意思決定の重要性をあげています。それは、**「組織の規模と構造と戦略の間には密接な意味がある。規模が違えば、構造が違い、経営政策が違い、戦略が違い、行動が違ってくる」**という考え方です。

事業によっては、適切な規模と不適切な規模があります。組織には、産業別、市場別に、それ以下では存続できないという最小規模の限界があり、逆にそれを超えるといかにマネジメントしようとも繁栄を続けられなくなるという最大規模の限度もあります。

ドラッカーは企業の規模を測る物差しに従業員数を置いています。売上は業界によって性格を大きく変えるからです。

そして、特にトップマネジメント（チーム）の人数が、マネジメントの構造を決定します。

小企業に対しては、「いつかは大企業に飲み込まれて消滅するはかないもの」、「戦略やマネジメントは大企業向けのもので小企業には必要ない」などといわれてきました。しかし、小企業こそ組織的かつ体系的マネジメントを持たなければなりません。

特に、**トップマネジメントチームに関わる人材が重要です。核となる優秀な人材で固められた、組織化した小企業は大企業の何倍ものスピードで成果が表れるでしょう。**

そして、小企業にこそ戦略が必要です。限られた資源を有効に活用しなければならないからです。最初にすべきは自社の事業の定義を明確にすることです。小企業であるが故に成果を上げうる市場が存在することは第4章で説

〈トップマネジメントとその構造で分類する小企業、中企業、大企業〉

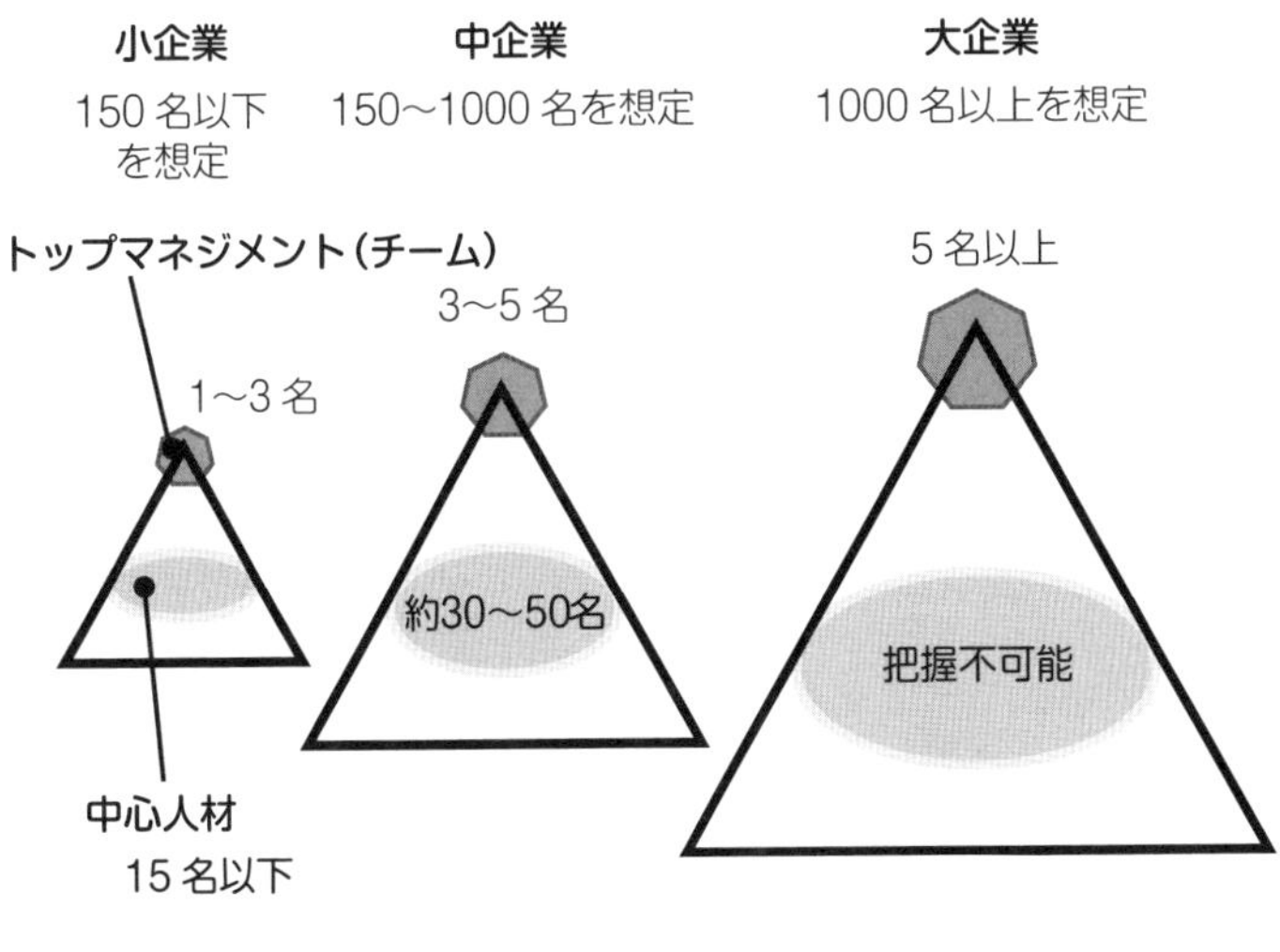

明しました。大企業ではうまみのない市場が数多く存在しているのです。日本市場でも伝統的大企業製造業S社やP社が、今や大きな赤字から抜けだせないのに対し、数十人の部品会社や町工場が経常利益を計上している事実があります。苦しみながら、変化し、生き残り、生命力の強さを証明しています。

戦略を明確にするための情報、そして変化を察知するための情報を収集することと、それを的確に活用できる人材が調達できれば、最大の武器である一体感と俊敏性で市場における際立った存在になれるのです。

中企業は多くの点で理想的な規模です。大企業と小企業双方の利点に恵まれています。社内では誰もがお互いを知っていて、容易に協力できます。チームワークはつくりやすく、個人の役割もわかりやすい規模であるとドラッカーはいっています。

ただし主力の事業に余裕があるせいか、二流の事業に手をだして失敗しやすい傾向にあります。相乗効果のない分野への多角化で弱体化してしまうのです。

中企業の成功の秘訣は集中です。卓越性が必要な分野では大企業とも渡り合えるからです。主力事業におけるイノベーション（経営革新・技術革新）もできうる適した規模です。

中企業は事業の再定義と戦略の的確さ、イノベーションの追求がさらなる成長の鍵にな

ります。

大企業ではトップマネジメントチームの人間が、もはや自社の中核的な人物を個人的に知ることのできない規模です。中小企業のように、事業の中核的な人材が直接かつ密接な人間関係でチームを形成することができません。規模のメリットよりもマネジメントの複雑さの問題が大きくなってきたときには、規模の大きさが最終段階に達したといえます。

大企業はフォーマルを重視した、高度に構造化された複雑な組織になります。手続きが多くなるので、機動性を欠き、高コスト体質に陥ります。官僚制組織の悪い部分である、成果よりも慣例を守ることに重点を置きがちです。

小さな事業に対しては集中して戦えません。小さな市場を理解できませんし、感覚もありません。しかし新しいものは常に小さなものからはじまります。**起業家精神をどうやって埋め込んでいくかが大きな課題です。**

大企業にこそイノベーションが必要です。ただしイノベーション組織は、既存組織とは別組織で運用しなければ成功しません。既得権を持つ抵抗勢力の力が大きいからです。

57 ベンチャー企業のマネジメント

ベンチャー企業には事業アイディアがあります。製品やサービスもあるかもしれません。売上や利益もあるかもしれません。

しかし、事業という考えが未熟な場合が多いようです。「我々の事業は何か、何であるべきか、何を成果とすべきか」が明確にされていないのです。ベンチャー企業がいかにすばらしいアイディアを持ち、いかに資金を集めていても、いかに製品が優れていても、お客様がたくさんいても、事業としてマネジメントされていなければ、組織として機能せず、生き残ることはできません。起業家のままで終わります。

ドラッカーは、「ベンチャー企業の成功する条件」を４つあげています。

① 市場に焦点を合わせること

ベンチャー企業の成功の多くは、考えてもいなかった市場で、考えてもいなかった製品やサービスを、考えていなかった目的のために買ってくれることによって成立します。

予期せぬ成功や失敗など、予期せぬものを当然として受け止め、例外として片づけず、新たな事業機会として仮説を立て、自分の眼で確かめなければなりません。まったく新しい商品は顧客に認識されておらず、市場調査ができないからです。

②財務上の見通し、特にキャッシュフローと資金について計画を持つこと

成功しているベンチャービジネスは、自らの資金構造の枠組みを超えて成長します。事業投資が最も多くなるときに、資金繰りが最も苦しくなるのです。事業の拡大どころか、今日のための現金がなくなる場合もます。ですから大雑把でもかまいませんので、事業資金について、キャッシュフローの原則だけは押さえておくべきです。資金繰りについては人に任せてはいけません。経営者自身がいつでも迅速に対応できるようにしておくべきです。

③トップマネジメントチームの構築

製品は一流で、顧客評価も高く、市場の見通しも明るい。すると事業が軌道に乗ってきます。しかし事業が成長しない事態がいつかやってきます。

そうなるとトップマネジメントの限界です。売上とともに仕事が多くなり、従業員が増

えるごとに仕事が複雑になります。経営者が次第に自分の得意分野に集中できなくなります。

ここでトップマネジメントチームが必要になります。経営者自身が自分の強みに集中できるよう、パートナーとチームを組みます。創業者が人材を見極めるのは難しいので、雇用ではなく、外部のパートナーの力を借りるのも有効な手段です。チームに相互理解と信頼関係ができるまでには3年くらいかかるのが通常です。時間をかけて納得できる体制づくりをしていくことが重要です。

④創業者たる起業家自身が自らの役割、責任、位置づけを決断

企業が成長し、発展していく過程で、創業者たる起業家の役割は変わらざるを得ません。「自分は何をしたいか」から考えるでしょうが、「自分は何に向いているか」「自分の強みは何か」と必ず自問しなければなりません。

決断すべきときが、ある段階で必ずやってきます。自分の片腕となる人物を招へいする、外部パートナーを活用する、もしくは事業承継を考える。

企業は経営者の器以上にはなりません。事業の継続を考えることは、経営者として代えがたい責任です。

〈ベンチャー企業は段階を踏んで大きくしていく〉

③ トップマネジメントチームをつくる

① 市場に焦点を合わせる

④ 自分の役割を明確にする

② 資金繰りを考える

58

成長のマネジメント

企業の成長は自動的には起こりません。生物と同じように、ある段階で変態する必要に迫られます。さなぎから蝶になるのです。

そして成長は不連続で、過去の延長線ではありません。

成長のためには、経営者がそうなりたいという姿に焦点を合わせ、自らを変えなければなりません。**成長に必要な人材や技術や制度、風土や価値観を仕組みとして組み込んで体質を変えていくのです。**そのためにはトップの「変わる」ということに対する強い意志と戦略が必要です。ときには、今までのやり方を捨てたり、痛みや混乱も伴うこともあります。

会社を大きくすること自体に価値はないでしょう。優れた企業になることが正しい目標です。規模の成長は虚栄でしかありません。また長期に渡る高度の成長は不可能であり、不健全さを招きます。あまりの急速な成長は組織に混乱と弱体化を招きます。

成長をマネジメントするには、合理的な成長目標を持つ必要があります。

まず事業として生き抜くための市場地位を確保するための、死守しなければならない最低限度がどこかを検討します（ランチェスター戦略の理論では市場のシェア6・8％を切ると撤退したほうがいいといわれます）。実際、企業は業績に貢献しない活動を切り捨てる決断をすることによっても成長することができます。

また、**成長の最適点も検討します。**リスクと成果のバランスです。「それ以上成長すると資源投下に対する生産性が犠牲になる点」、「収益性を高めようとするとリスクが増大する点」がどこか、最適点を成長の上限とします。最高点をいきなり目指すと不健全になる可能性が大きくなります。

成長のための最適な機会がいつ訪れるかは予想できませんが、準備しておく必要があります。

トップ自らの役割、行動、他者との関係を変える意志と能力を持って、変化すべきタイミングを知り、新しいトップマネジメントチームを編成しなければなりません。そのときに、トップ自身が企業の成長を望まない、過去の成功体験から抜けだせない、自分に満足してしまっているならば、バトンタッチするときです。

59

変わりゆく経営

ここまで整理してきたことは、従来からの常識を前提にしています。原理原則に照らし合わせた内容です。リクルートで15年間さまざまな業界のビジネスを肌で感じ、独立してからも企業の経営の支援をしてきました。まだまだ通用する、これからも主流を占める、知っておかなければならない経営の常識を整理したつもりです。

しかし、ずいぶん雲行きが怪しくなってきました。「従来からの常識」が変化してきているのです。ドラッカー自身も晩年、「今までの歴史上見たことのない未来がはじまる」と警鐘を鳴らしています。ここで、今すでに起こりはじめている変化の中から、経営に関わる事実をまとめてみます。

・かつては企業が生産手段を持っていました。しかし、**企業の卓越性を支える高度な知識という資源は、一人ひとりの知識労働者が所有しています。**しかも、携帯可能です。一人前になると、ライバル会社に引き抜かれていくことも少なくありません。

・事業とは必要とされるあらゆる活動を自社で内製化するものでした。しかし、**マネジメントを生産的にするには、垂直統合（自前主義）ではなく分散（外部の専門家に任せること）に移っています。**最も固有の生産手段、管理機能までがアウトソーシングに頼る時代になっています。

・かつてはメーカー側が情報を持っていました。しかし、現在はＩＴの普及などにより**顧客の方が情報を持っています。**情報を持つ者が力を持ちます。大勢を見ると買い手側に主導権が移行しています。供給者たるメーカーは売り手であることをやめ、消費者のための買い手もしくはサービス業にならなければならなくなっているのです。

・あらゆる産業が特有の技術で発展してきました。しかし、今後の事業の発展は、**企業の内部、業界の内部ではなく、ほかの業界や今まで前例にない技術とのパートナーシップからもたらされるようになっています。**音楽業界とパソコンメーカー（Apple）が同じ仕組みで協力し合ったり、携帯電話とカメラと音楽プレーヤーが融合したり、不動産業と保険業が手を組んだりしています。

60

明日のマネジメント

59項のような変化を受け、経営者、マネジャーは、今後どうしていくべきでしょうか。ドラッカーが与えてくれた示唆を含めて、私なりにまとめてみます。

・知識労働者が差別化の源泉になる

高度な知識労働者は会社より仕事を選びます。その少数の中核社員がその企業の競争優位性に影響力を持つのです。彼らにとっての魅力的な仕事は何か、どのようにやる気にさせるかが重要です。

さらに優秀な人材は雇用されることを好みません。雇用せずに、外部パートナーやコンサルタントとしていかにうまく活用するか。人事や現場レベルではない、経営レベルで考えるべき課題です。

・マネジメントが変わる

知識労働者はパートナーです。管理者が先頭に立って稼ぐ時代から、知識労働者の生産性を高め、能力を引きだして成果を最大化するのがマネジャーの役割になります。

また、マネジメントの対象が社員だけではなくなります。派遣やアウトソーサー、外部パートナー、コンサルタントなどをうまくマネジメントできなければ、管理者としてより高いミッションを果たせなくなっています。

より高度なマネジメント力、リーダーシップ（対人影響力、人間力など）が重要になります。

・人事の中心的課題が変わる

数の採用から徹底した質の採用へ移行します。そして採用だけではなく、自社にとって優秀な人材のリテンション（囲い込み）が重要な課題です。

多様な雇用形態による適材適所での活用、特定の社員しか持っていない知識を標準化していく仕組みの強化、自社らしい社員を育成する人材開発の強化に解決策を持たないと、企業の弱体化につながることになります。

・外部の情報収集が重要になる

変化は社外で先に起こります。外部で起こっている変化をいかに早く、敏感に捉えられるかが重要です。

ＩＴの進化のおかげで情報は氾濫していますが、真に必要な情報を評価し、判断する能力が求められています。評価し、判断するためには、日常から幅広く、ビジネスのパターン・流れを掴んでおかなければなりません。それには、それができる社員の育成が重要です。そのためにも上司が先んじて情報に敏感になり、判断基準を示す手本を示さなければなりません。

情報を制する企業が市場を制します。何より優先すべき、市場、お客様、競合に対する情報収集と分析に後れをとっているような企業は確実に置いていかれます。

・トップマネジメントを変えなければならない

働く担い手が社員中心であった時代から、非社員や外部パートナーの活用、アウトソーシングの活用など、事業をマネジメントすることが複雑な時代になっています。

また、高度な知識労働者は雇用されることに昔ほどのこだわりはありません。

これからの企業は、何をやっているかより、何を目指しているかが問われます。すなわち、理念、価値観、使命、ビジョンを明確に打ちだしていくことが、企業の魅力を伝えていくことにつながるのです。

一般社員はもちろん、知識労働者、取引先、外部パートナーを巻き込む求心力をいかに高められるかが、トップマネジメントにかかっています。その企業の姿勢、スタンスに共鳴できるかどうかなのです。

その意味でも、トップマネジメントとして、優秀なチームを形成し、安定感と対応力を高めていくことが重要となります。

おわりに

本書を執筆するにあたり、ドラッカーの数多くの文献を読み直し、経営戦略に関係する内容だけを選択し、できるだけわかりやすい表現に修正してまとめてみましたが、なかなか大変な作業でした。しかし、改めて読んでみると、今回もまた新鮮で、頭の中で断片的になっていた情報が高度に再整理されました。

ドラッカーが歴史の大きな転換点の中で、的確に時代の流れを読みとり、ぶれることなく原理原則を表現できたことに驚きすら感じます。まるで経営のあるべき姿の方が、ドラッカーの考え方に近づいてきているように思えました。実際に現在の最新の企業事例を当てはめても揺らぐことがありません。

さまざまなビジネス書が書店に並んでいますが、3カ月で消えてしまう本、1年で消えてしまう本、3年くらいで忘れられてしまう本など流行に乗った著書がほとんどです。10年以上読み続けられている本はわずかしかありません。その中で、ドラッカーの本が古びることなく、読み続けられている、支持され続けている理由がわかった気がします。

今回、自分の仕事も見直すことにつながる、大変貴重な機会を与えていただいた明日香

おわりに

出版社の久松さん、本当にありがとうございました。そして、出版にあたり、快く取材にご協力いただいた経営者の皆様、心より感謝申し上げます。

文中、偉そうに語っている内容の骨子は、ドラッカーの言葉であり、それは上田惇生氏の翻訳を通じての理解です。まだまだ意欲的に、ドラッカーのメッセージを世に広めていただいていますが、その生涯をかけた日本における偉業に心より敬服いたします。お体には充分気をつけご活動ください。

ドラッカー学会設立、運営に全国を飛び回っていただいている、私の北海道の仲間である、佐藤等氏、土井尚人氏にも感謝申し上げます。

いつも一緒に勉強させていただいている、東京の「ドラッカーマネジメント研究会」の皆様、ご指導いただいている森岡謙仁氏、ありがとうございます。

周囲の皆様に支えられて活動していますので、感謝の念は尽きません。

最後に、他界されたドラッカー氏の幅広い知見を普及する伝道師の一人となり、多くの方々が幸せになれるように事業活動を続けていくことを誓います。

最後までおつき合いいいただき、ありがとうございました。

和田 一男

参考文献

・現代の経営（P・F・ドラッカー著　上田惇訳　ダイヤモンド社）
・想像する経営者（P・F・ドラッカー著　上田惇訳　ダイヤモンド社）
・イノベーションと企業家精神（P・F・ドラッカー著　上田惇訳　ダイヤモンド社）
・マネジメント（上）（中）（下）（P・F・ドラッカー著　上田惇訳　ダイヤモンド社）
・ポスト資本主義社会（P・F・ドラッカー著　上田惇訳　ダイヤモンド社）
・ネクスト・ソサエティ（P・F・ドラッカー著　上田惇訳　ダイヤモンド社）
・ドラッカー戦略（藤屋伸二著　日本能率協会マネジメントセンター）
・図解ドラッカー入門（森岡謙仁著　中経出版）

■著者略歴
和田　一男（わだ　かずお）
株式会社ブレインパートナー代表取締役　組織変革・営業変革コンサルタント　ドラッカー学会会員

1985年株式会社リクルートに入社。全社通期優秀経営者賞を2度受賞するなどの実績をあげ、1999年営業部長に昇進、西東京支社支社長を兼務する。

2000年独立。株式会社ブレインパートナー（企業再建、組織変革、営業強化、人材育成）を設立し、代表取締役をつとめる。

2002年株式会社ヒューマン・キャピタル・マネジメント（ベンチャー育成、経営者養成コンサルティング）を設立、取締役に就任する。

現在、経営幹部養成、営業マン教育、営業管理職研修、マネジメント変革、事業戦略立案、人事評価制度構築、目標管理運用強化など、コンサルタント、企業研修の講師として活躍中。

著書として、『30歳からの営業力の鍛え方』（かんき出版）がある。

本書の内容に関するお問い合わせ
明日香出版社　編集部
☎(03) 5395-7651

小《ちい》さな会社《かいしゃ》こそが実行《じっこう》すべき　ドラッカー経営戦略《けいえいせんりゃく》

2012年　11月　21日　初版発行

著　者　和《わ》田《だ》一《かず》男《お》
発行者　石野栄一

〒112-0005 東京都文京区水道 2-11-5
電話 (03) 5395-7650（代表）
(03) 5395-7654（FAX）
郵便振替 00150-6-183481
http://www.asuka-g.co.jp

明日香出版社

■スタッフ■　編集　早川朋子／藤田知子／末吉喜美／久松圭祐／田中裕也
営業　浜田充弘／渡辺久夫／奥本達哉／平戸基之／野口優／横尾一樹／関山美保子
アシスト出版　小林勝／古川創一　総務経理　藤本さやか

印刷　美研プリンティング株式会社
製本　根本製本株式会社
ISBN 978-4-7569-1589-4 C2034

編集担当　久松　圭祐

小さな会社こそが勝利する
ポーターの競争戦略

今瀬　勇二 著

中小企業が不景気で苦戦を強いられている。そんな中で生き残り、利益を出していくにはどうすればいいのかを説いた指南書。「ファイブフォース」や「3つの基本戦略」というポーターの競争戦略の基本をできるだけやさしく解説。そのうえでＳＴＰなどのマーケティング戦略と組み合わせることにより、中小企業が生き残り、発展していくための方法をまとめた。理論だけに留まらず、実践の経営で使えるように、実際の中小企業の事例を16社入れてある。

ISBN978-4-7569-1480-4
本体1500円＋税　B6並製　224ページ